AF498161

IVGEMENT DEFINITIF ET ARREST
RENDVS SVR LES DIFFERENS D'ENTRE

Meſſires Iacques Ioſeph de Maynard de l'Eſtang, Preſtre, Chanoine & ancien Doyen de l'Egliſe Cathedrale d'Alet ; François Rives & Antoine d'Hautpoul, Chanoines ; & Antoine Monlaur Precenteur de ladite Egliſe, & Conſorts, d'une part.

Et Meſſire Vincent Ragot Preſtre, Docteur en Droit canonique, Promoteur de l'Egliſe & Dioceſe d'Alet, d'autre part.

AVIS.

*C*OMME le different d'entre le Sieur de l'Eſtang, cy-devant Doyen d'Alet, & des autres perſonnes unies à luy d'une part : & le Promoteur d'Alet d'autre, a beaucoup éclatté dans le public, & que ce qui a donné lieu à ce different peut eſtre de grand uſage pour le rétabliſſement de pluſieurs points importans de la diſcipline eccleſiaſtique, on a cru que l'on avoit quelque ſorte d'obligation de faire connoiſtre au public le jugement qui en a eſté rendu.

Les reglemens que M. l'Eveſque d'Alet avoit fait publier le onXiéme May 1663. dans la viſite qu'il fit de ſon Egliſe cathedrale, ont eſté l'origine & le fondement de ce procez. Le Sieur de l'Eſtang & ſes conſorts en avoient appellé au Metropolitain & à Rome comme d'une entrepriſe inoüye faite par M. l'Eveſque d'Alet, contraire aux canons, à l'uſage de l'Egliſe & aux droits du Chapitre. Ils en avoient auſſi interjetté appel comme d'abus, au moins de la pluſpart. Ils avoient voulu engager le corps & le nom du Chapitre dans leurs intereſts, & avoient emprunté des ſommes tres conſiderables au nom du Chapitre dont il y en a une ſeule qui eſt de 5383. livres.

La paſſion que les Sieurs de l'Eſtang & Rives avoient eu de reüſſir dans leur entrepriſe, & le dépit de ſe voir abandonnez des autres Chanoines leur avoit fait oublier l'intereſt de leur caractere, pour porter une cauſe toute eccleſiaſtique à un tribunal ſeculier, où ils croyoient opprimer leurs confreres par l'appuy de leur parenté ; ce qui avoit obligé l'Official d'Alet de les declarer excommuniez. Et l'abus qu'ils firent enſuite de l'abſolution à cautele, s'en eſtant ſervis pour troubler par leur preſence le ſervice de l'Egliſe cathedrale, ayant obligé le Promoteur d'Alet de faire arreſter le Sieur de l'Eſtang, ce dernier incident ayant eſté porté au Parlement de Grenoble, où pendoit le principal ſur un appel comme d'abus, le Sieur de l'Eſtang en pourſuivit le jugement avec tant de precipitation, & trouva tant d'appuy dans ce Parlement, que ſans entrer en la connoiſſance du fond dont il dépendoit, & duquel il renvoyoit le jugement apres la S. Martin, ce Parlement par proviſion declara nul l'empriſonnement & condamna le Promoteur en la moitié des dépens. On ſe pourveut au Conſeil contre cet Arreſt tout à fait inſouſtenable, & qui avoit eſté donné contre les formes, & on y obtint d'abord un Arreſt avec grande connoiſſance qui ſurcéoit l'execution de celuy de Grenoble. Mais le Sieur de l'Eſtang ayant repreſenté au Roy par un placet, qu'on ne l'avoit declaré excommunié qu'en dépit de ce qu'il avoit ſigné le Formulaire, ſa Majeſté auroit evoqué à ſa perſonne la connoiſſance du different, & M. Voiſin de Ceriſay ayant eſté nommé pour Rapporteur, au lieu de M. Pelletier de la Houſſaye que M. le Chancelier avoit commis d'abord, il donna Arreſt ſans que le Promoteur puſt eſtre ouy, ny avoir communication de la Requeſte du Sieur de l'Eſtang, quelque diligence qu'il fiſt pour cela : & par cet Arreſt il fut ordonné que par proviſion celuy de Grenoble ſeroit executé, & que les parties mettroient l'affaire en eſtat de jugement dans un mois. Le Promoteur donna au public ſon Factum, & ſur le point que l'affaire alloit eſtre en eſtat d'eſtre jugée, le

A

P. Ferrier Iesuite qui avoit soin de l'affaire du Sieur de l'Estang parla d'accommodement. On s'assembla pour cela diverses fois chez Monsieur le Curé de S. Nicolas du
Chardonnet : & il sembloit qu'on alloit conclure, lors qu'on apprit, que quoy que
l'affaire ne fust pas en estat, M. Voisin avoit rendu Arrest, par lequel le jugement du
fond estoit renvoyé à Grenoble, & le Promoteur condamné aux dépens.

Cet Arrest rompit toutes les mesures de l'accommodement proposé, parce que le
P. Ferrier demandoit qu'avant que de convenir d'arbitres on satisfist aux dépens
de Grenoble & du Conseil, à quoy on ne crut pas devoir consentir. Mais enfin le
Sieur de l'Estang ayant resigné son Doyenné, & ne voulant point aller à Grenoble,
on renoüa la proposition de nommer des arbitres, ce qui ayant esté accordé de part
& d'autre, le Promoteur les laissa de son costé maistres absolus des conditions du Compromis, mais on ne pût y faire consentir le Sieur de l'Estang ny ses Arbitres, qu'en
leur accordant qu'on ne toucheroit point aux despens adjugez par les Arrests de Grenoble & du Conseil, à quoy les Arbitres du Promoteur donnerent les mains à son insceu
par compassion de l'estat dudit Sieur de l'Estang, & pour ne pas rôpre le Compromis, qui
fut enfin signé chez Monseigneur l'Evesque de Luçon Surarbitre, avec MM. le Nain
& d'Argençon Maistres des Requestes, MM. les Abbez le Camus, Benjamin & Cheron, & M. Pinçon Avocat au Parlement Arbitres le 21. Novembre 1665. Il pleut à sa
Majesté de confirmer ce Compromis, d'établir ces MM. Iuges souverains, & d'ordonner que tous les dénommez audit Compromis, & autres y ayant interest, procederoient
pardevant eux, & cela par Arrest de son Conseil d'Estat du 24. Decembre suivant. Et
ainsi ayant examiné les differens en dix-huit ou vingt seances, ils ont rendu deux jugemens le 9. Avril 1666. l'un pour les appellations tant simples que comme d'abus qui re-
gardoient les Ordonnances de visite, qu'ils ont confirmée, en mettant sur toutes les
appellations les parties hors de Cour, n'y ayant rien trouvé que de tres canonique
& conforme aux regles de l'Eglise: & l'autre pour les differens particuliers qui n'avoient
point de suite, ayant sur l'excommunication (dans la discution de laquelle ils n'avoient
pas jugé à propos d'entrer, non plus que dans les difficultez des absolutions à cautele)
ordonné que pour plus grand respect aux censures, & entant que besoin est ou seroit,
lesdits Sieurs de l'Estang & Rives recevroient l'absolution de l'excommunication,
& dispense de l'irregularité qu'ils pourroient avoir encouruë, & qu'à cet effet M.
l'Evesque d'Alet commettroit dans Paris une personne constituée en dignité pour
les donner audit de l'Estang, & une autre sur les lieux pour les départir audit Rives: Ayant déchargé le Chapitre des emprunts faits en son nom par lesdits Sieurs
de l'Estang & Rives, tant de ladite somme de 5383. liv. qu'autres faits mal à propos, ne les ayant considerez que comme emprunts de particuliers qu'ils vouloient
faire retomber sur M. d'Alet; Confirmé les Officiers faits par le Chapitre, &
tenu pour bien destituez ceux dont lesdits Sieurs de l'Estang & Rives demandoient
le rétablissement: débouté ledit de l'Estang des demandes par luy faites contre M.
l'Evesque d'Alet d'un droit de pesche sur la riviere d'Aude, & d'avoir une clef
d'une des portes de la ville: les ayant aussi condamnez en tous les dépens, dom-
mages & interests de l'emprisonnement par eux fait de la personne du Sieur Salva
Tresorier du Chapitre, qui a esté declaré nul & de nul effet; & ayant delivré le
Sieur de Monmusson Viguier d'Alet des persecutions que ledit Sieur de l'Estang
luy faisoit depuis trois ans, en declarant son emprisonnement nul, & ordonnant que
l'escroüe en seroit rayé & biffé. Et quant à celuy du Sieur de l'Estang, ces MM.
ont laissé pour ce chef l'Arrest du Parlement de Grenoble en son entier.

Ces Iugemens ont esté confirmez par un Arrest du Conseil d'Estat.

Voila l'issuë de cette grande affaire. Mais comme il n'y a que le premier Arrest
qui regarde le public, à cause des Ordonnances de visite que MM. les Commissaires
ont fait annexer à la minute de leur Iugement, & qu'ils ont autorisées autant qu'ils
le pouvoient, on a cru aussi ne devoir faire imprimer que celuy-là.

ORDONNANCES DE VISITE DONT ESTOIT APPEL.

Extrait des Regiſtres des Ordonnances de Viſite du Dioceze d'Alet.

ICOLAS par la grace de Dieu & du S. Siege Apoſtolique Eveſque d'Alet : A TOUS preſens & à venir, Salut & benediction. VEU le Verbal de la Viſite par nous faite de noſtre Chapitre & Egliſe Cathedrale les 29. & 30. jours du mois d'Avril, le 1. & 2. du mois de May de l'an 1663. pour les cauſes reſultantes d'iceluy, AVONS ORDONNÉ.

I. QUE conformement à l'article premier de noſtre Ordonnance de viſite de l'année 1641. & aux articles 1. 2. & 3. de la precedente de l'année 1652. que nous renouvelons entant que de beſoin ; les Beneficiers de noſtredite Egliſe, à qui le Chapitre accordera la preſence pour les eſtudes apres leur année de ſtage & qu'ils auront donné une ſuffiſante caution, apporteront à Paſques & aux Vacations un Certificat en forme, de leur Regent, ou du Principal du College où ils eſtudieront, qui faſſe foy de l'employ de leur temps & du progrez qu'ils font dans les ſciences, mais ſingulierement dans la pieté ; qu'ils ont porté la ſoutane en la maniere preſcrite par les Ordonnances du Dioceſe ; les cheveux courts, & la tonſure proportionnée à leur ordre. Et où ils n'apporteront pas ledit Certificat, & en cette forme, Nous deffendons audit Chapitre d'y avoir égard, & au Treſorier & Granatier de leur délivrer leurs diſtributions, à peine de payer deux fois.

II. QU'A l'avenir lors que quelqu'un des benefices dudit Chapitre ſera litigieux, les diſtributions ne ſeront point délivrées à aucun des pretendans, quelque ſervice qu'ils puiſſent rendre ; mais qu'elles ſeront retenües par le Treſorier & Granatier juſques à ce que le poſſeſſoire ait eſté jugé, à peine d'en répondre en leur propre & privé nom.

III. NOUS deffendons aux Chanoines qui ſeront en tour pour nommer & pourvoir aux prebendes, d'y nommer & les pourvoir d'autres perſonnes que de celles qui ayent les qualitez requiſes par la Bulle de ſeculariſation, à peine de nullité, & qui ſoient d'ailleurs d'une vie exemplaire ; & au Chapitre de les admettre à la pointe & de leur donner aucunes diſtributions qu'ils n'ayent acquis leſdites qualitez, & ſe ſoient rendus capables de rendre le ſervice que leurs benefices doivent à l'Egliſe ſelon ladite Bulle.

Et conformement au S. Concile de Trente, Nous deffendons auſdits pourveus de s'ingerer de faire aucune fonction qu'ils ne ſe ſoient preſentez pardevant nous & que nous n'ayons reconnu qu'ils ont leſdites qualitez requiſes par la Bulle, & qu'ils ne nous ayent exhibé leurs lettres d'ordres & atteſtations de leur vie & mœurs, à peine de ſuſpenſe *ipſo facto*, à nous reſervée s'ils ſont dans les Ordres ſacrez, & d'interdit auſſi *ipſo facto* à nous reſervé, s'ils ſont ſeulement dans les moindres ordres ou dans la clericature.

IV. AYANT égard aux requiſitions de noſtre Promoteur & dudit Chapitre comme en noſtre verbal, Nous ordonnons conformement au S. Concile de Trente, au Concile Provincial, & à nos precedentes Ordonnances, que les Dignitez de noſtredite Egliſe feront reſidence actuelle & perſonnelle hors le cas de droit, à peine de privation de tous les fruits, & autres plus grandes peines s'il y eſchet ; Et conformement audit Concile, que le tiers des fruits affectez auſdites Dignitez ſera mis en diſtribution ; qu'ils perdront au prorata des abfences qu'ils feront pendant l'année : Enjoignons au Syndic dudit Chapitre, ou autre deputé par iceluy à cet effet, de faire faifir lefdits fruits tant pour le prefent, que pour le paffé & à l'avenir, & d'en pourfuivre inceffamment la delivrance au profit de la Sacriftie, à l'execution dequoy ledit Promoteur tiendra la main.

Et quant à ce qui regarde les fonctions, droits & preéminences defdites Dignitez, Nous avons ordonné qu'à la diligence de noftredit Promoteur, ils feront d'abondant appellez & plus amplement par nous ouys dans le mois; enfemble le Syndic dudit Chapitre, pour enfuite eftre ordonné ce qu'il appartiendra.

V. Et conformement au Concile Provincial & à nos precedentes Ordonnances, que nous renouvellons quant à ce autant que befoin eft, Nous ordonnons que le Ceremonial Romain fera pratiqué & exactement obfervé dans noftredite Eglife cathedrale, tant pour les ceremonies, ornemens & decoration de l'Eglife & des Autels, que pour toutes les autres chofes marquées & prefcrites en iceluy; & qu'à cet effet ledit Chapitre nommera dans huitaine un des habituez de la capacité requife pour faire la fonction de Maiftre de Ceremonies; autrement & à faute de ce, qu'il en fera par nous nommé & inftitué un d'office. Comme auffi qu'à l'avenir pour le chant des hymnes, verfets, oraifons, Epiftres, Evangiles & autres prieres, on fuivra celuy qui eft marqué dans ledit Ceremonial, Directoire romain, & dans les Cantoraux & Pfeautiers à l'ufage de l'Office romain, à peine contre les contrevenans de trois livres d'amende, applicables moitié à l'Hofpital, & moitié aux neceffitez de la Sacriftie.

VI. Nous deffendons de changer à l'avenir la folemnité des feftes fous quel pretexte que ce puiffe eftre, & de les folemnifer autrement qu'elles ne font marquées dans le Bref que nous faifons imprimer toutes les années à l'ufage de ce Diocefe, à peine de fufpenfe : Et nous enjoignons au Sonneur de fe regler pour la fonnerie par la folemnité des feftes ainfi qu'elles font marquées dans le Calendrier romain, à peine d'eftre puny par fouftraction de fes gages ainfi que le cas le requerra. Ordonnons audit Chapitre de commettre cette fonction autant que faire fe poutra à un Ecclefiaftique conftitué dans l'ordre de Portier, conformement aux faints Canons & Decrets.

VII. Faisant droit à la requifition de noftre Promoteur fur l'affiftance que tous les habituez dudit Chapitre doivent aux deux Leçons que le Theologal de noftredite Eglife eft tenu de faire toutes les femaines, Nous ordonnons à tous lefdits habituez d'y affifter, autrement qu'ils feront poinctuez pour un jour.

Et faifant droit aux requifitions de noftredit Promoteur au fujet de la Prebende preceptoriale, Nous ordonnons que conformement au Concile de Trente ledit Chapitre delivrera les entiers fruits d'un Canonicat au Regent, fuivant l'Arreft fur ce donné en l'an 1627. Enjoignant audit Regent d'avoir un aide pour faire les Efcoles aux petits enfans, afin qu'il fe puiffe appliquer à enfeigner la Grammaire aux habituez dudit Chapitre qui en auront befoin, & aux enfans de la Ville, fauf audit Chapitre de requerir & faire ordonner la fuppreffion du premier Canonicat vacant pour eftre affecté à ladite preceptoriale.

VIII. Nous enjoignons au Prebendier commis pour faire la pointe, & au Chanoine dignité devant qui elle fe fait, de n'avoir acception des perfonnes, & de pointer à chaque heure, ceux qui n'y auront pas affifté ou qui y feront venus trop tard ; qui en feront fortis avant la fin, ou qui auront commis quelque faute pour laquelle ils doivent eftre pointués fuivant le Statut , à peine d'en refpondre en leur propre ; Et à cet effet, Nous ordonnons que la pointe fera rapportée tous les Mercredis en Chapitre, pour y eftre examinée.

IX. Et fur la reprefentation faite par noftre Promoteur, que les diftributions des Chanoines & autres habituez dudit Chapitre ne pouvoient pas fe continuer au pied des années precedentes, attendu les divers frais , reparations , don du Roy, & autres affaires urgentes que ledit Chapitre a efté obligé de faire, qui l'ont empefché d'acquiter & de payer les interefts des fommes par luy deües , outre les avances des fommes affez confiderables faites par le Treforier, en forte que fi on continuoit lefdites diftributions fur le mefme pied, on engageroit le fonds de la manfe capitulaire, Nous avons ordonné que dans le mois lefdits Chanoines conviendront des moyens & des expediens de fatisfaire au payement defdites dettes, afin d'éviter l'engagement du fonds de leur manfe , lefquels ils nous communiqueront dans ledit delay , pour iceux par nous veus & examinez eftre pourveu & ordonné ce qu'il appartiendra.

X. Nous ordonnons qu'à l'avenir le tour des Proceffions ordinaires fera feulement celuy de l'Eglife ou du Cloiftre , & qu'on y obfervera auffi bien qu'aux grandes & generales ce qui eft marqué au Rituel dreffé à l'ufage de ce Diocefe.

XI. Et afin que la Meffe matutinelle qui fe dit en noftre Eglife Cathedrale ne concoure point les Dimanches & les feftes avec celle de la Parroiffe, & que le peuple ne foit point détourné d'affifter aux inftructions qui s'y font, conformement à ce qui a efté convenu avec ledit Chapitre , comme en noftre Verbal , ladite Meffe matutinelle fe dira en tout temps les Dimanches & les feftes au dernier coup de Matines par celuy qui fera de tour ; Et on ne fonnera point les Meffes baffes qui fe diront en ladite Eglife Cathedrale lefdits jours avant ou pendant ladite Meffe de parroiffe : Enjoignons au Sacriftain de prendre garde à ce que le prefent reglement foit exactement obfervé , à peine d'eftre pointé pour huit jours.

XII. Nous ordonnons que dans trois mois on fera accommoder le lieu qui eft joignant la Sacriftie, au cofté du Presbytere , pour y tenir d'orefnavant les affemblées capitulaires ; qu'on y fera faire des bancs à doffier au tour , & une chaire élevée de deux ou trois degrez pour nous quand nous voudrons affifter & prefider aufdites affemblées ; une table pour le Secretaire , avec une armoire pour y tenir le Regiftre des deliberations que nous deffendons de fortir dudit lieu fous quel pretexte que ce puiffe eftre , fauf à en prendre des extraits en cas de befoin ; avec une porte double pour fermer ledit lieu , dans lequel on tiendra auffi l'argenterie de ladite Eglife pour plus grande feureté.

XIII. Nous enjoignons à tous les Chanoines facrez qui fe trouveront en ville d'affifter tous les Mercredis au Chapitre pour y procurer la difcipline & le bon ordre de ladite Eglife à la plus grande gloire de Dieu : Et en cas de contravention, Nous ordonnons qu'ils feront pointez pour un jour.

XIV. Conformement à nos precedentes Ordonnances , Nous ordonnons que les archives feront mifes en eftat dans le mois , & qu'on fera inventaire de tous les titres & documens qui s'y trouveront, dont copie fera mife dans les archives de l'Evefché.

XV. Conformement aux requifitions de noftre Promoteur, & à nos precedentes Ordonnances de vifite, Nous ordonnons que les Beneficiers de noftredite Eglife Cathedrale , qui doivent fervir de regle & de modele à tous les Ecclefiaftiques de noftre Diocefe, iront veftus en la maniere prefcrite par nos Ordonnances fynodales ; Et ce faifant ils porteront toûjours la foutane ceinte & fermée par le devant, les manches rabattuës fur le poignet, un colet & des manchettes modeftes, les cheveux courts, en forte que les oreilles foient découvertes, & la tonfure proportionnée à leur Ordre ; fçavoir les Preftres de quatre doigts, les Diacres de trois doigts, les Soufdiacres de deux, ceux qui font dans les moindres Ordres d'un pouce de l'argeur, & un peu moins ceux qui font dans la clericature feulement, à peine de trois livres d'amende, applicables aux neceffitez de la Sacriftie : Comme auffi nous leur deffendons de venir à l'Eglife avec un furplis fale ou déchiré, avec un bonnet quarré indecent, & une aumuffe rompuë ou pelée notablement ou fans aumuffe, autrement qu'ils feront pointez comme abfens : Ordonnons à ceux qui n'ont point d'aumuffes, ou qui en ont de rompuës, pelées & indecentes de s'en pourvoir dans la fefte de Noftre-Dame d'Aouft prochaine, autrement & à faute de ce, nous deffendons audit Chapitre, à peine d'interdit, de les recevoir au Chœur ledit jour. Comme auffi Nous deffendons aufdits habituez de fe promener & arrefter à la place, carrefours & autres lieux publics, conformement à noftre Ordonnance fur ce faitte, fous les peines y portées, que nous enjoignons à noftre Promoteur de faire inceffamment declarer contre les contrevenans.

XVI. Et faifant droit fur les plaintes & requifitions de noftre Promoteur contre ceux defdits habituez qui fe vont confeffer à des Preftres non approuvez par nous pour leurs confeffions, & mefme hors de ce Diocefe, contre nos deffences expreffes, & contre ceux qui n'ont point fatisfait à la confeffion annuelle & comme en noftre procez verbal....... Nous avons fait & faifons tres expreffes inhibitions & deffenfes à tous les habituez dudit Chapitre demeurans ou refidans dans Alet de s'aller confeffer à autres Preftres qu'à ceux qui font approuvez par nous pour oüir leurs confeffions, fi ce n'eft par la permiffion du Sieur Archipreftre d'Alet, ou par la noftre par écrit, à peine de fufpenfe *ipfo facto* à nous refervée, s'ils font dans les Ordres facrez & d'interdit auffi *ipfo facto*, à nous refervé s'ils font dans les moindres Ordres ou dans la clericature feulement, les confeffions ainfi faites ailleurs aux Preftres feculiers ou reguliers non approuvez de nous, & non approuvez pour oüir les confeffions des habituez dudit Chapitre eftant nulles & invalides.......

XVII. Nous enjoignons au Precenteur, & en fon abfence au Succenteur, de marquer tous les Samedis avant Vefpres dans la Table qui fera faite exprés aux dépens dudit Chapitre, & pendüe à la Sacriftie, l'habitué tant Chanoine que Prebendier qui fera de femaine pour celebrer les Meffes conventuelles & commencer les Offices, le Diacre, le Soufdiacre, ceux qui devront porter chappe, les Acolytes, & celuy qui fera de tour pour dire la Meffe matutinelle, afin que chacun foit averty de fon obligation, & que s'ils y manquoient le Chapitre fçache à qui s'en prendre pour punir les delinquans ainfi que le cas le requerra.

XVIII. Et faifant droit fur la requifition de noftre Promoteur touchant le Cierge Pafchal, Nous ordonnons qu'il fera de cire blanche vierge, qu'il fera allumé à tous les Offices depuis le Samedy faint jufques à Complies du Dimanche de Quafimodo inclufivement, & à la grande Meffe & à Vefpres feulement les Dimanches & les feftes depuis le Dimanche de la Quafimodo jufques à l'Afcenfion. Et quant aux trois Bougies ayant une mefme tige fur un rofeau comme il eft prefcrit au Miffel & Ceremonial, elles ne feront allumées qu'à l'Office de la Messe du Samedy saint.

X I X. Et pour ce qui est des demandes des Prebendiers beneficiers simples en ladite Eglise, oüis les deputez des Chanoines & Chapitre comme en nostre Procez verbal, & le tout meurement examiné, Nous avons ordonné que la Sentence donnée par l'Official d'Alet en l'année 1560. sur les mesmes differens sortiroit son plein & entier effet ; Et ce faisant que les Chanoines officieront les Dimanches & festes de commandement, le Mercredy des Cendres, les Ieudy, Vendredy & Samedy de la semaine Sainte, & les Prebendiers tous les jours ouvrables ; Que lesdits Chanoines & Chapitre seront tenus d'appeller un Prebendier deputé par les autres lors de la reddition & examen de la pointe ; Qu'ils seront semblablement tenus d'appeller deux des Prebendiers deputez comme dessus lors qu'il faudra faire les départemens, lesquels assisteront aussi à la reddition & closture des Comptes du Tresorier & Granatier toutes les années ; le tout à peine de nullité : Comme aussi qu'aucunt arrentemens des biens & rentes de la Manse capitulaire ne pourra estre fait qu'en presence & avec l'assistance d'un desdits Prebendiers deputé comme dessus, à peine de nullité ; Et où lesdits arrantemens se feront hors la cité d'Alet, que ledit Prebendier sera défrayé aux dépens de ladite Manse capitulaire aussi bien que le Chanoine, Et pour le surplus desdites demandes, avons mis & mettons les parties hors de Cour & de procez.

Et ayant aucunement égard aux demandes dudit Chapitre au sujet des Prebendes dites de du-Pont, ouys le Syndic dudit Chapitre, celuy des Prebendiers de l'ancienne fondation, le Sieur Archidiacre, lesdits Prebendiers dits de du-Pont, & le Sieur Pech Consul d'Alet, assisté de ses Collegues, en leurs dires & requisitions, & nostredit Promoteur comme en nostre Verbal, Nous avons ordonné & ordonnons, que lesdits quatre Prebendiers dits de du-Pont jouïront de pareils droits, attributions, rang & seances que les douze Prebendiers fondez & ordonnez par la Bulle de secularisation, & seront censez & tenus pour incorporez avec lesdits douze Prebendiers pour ne faire à l'avenir qu'un Corps ; & neanmoins que les pourveus desdites quatre Prebendes seront tenus & obligez à perpetuité de faire Diacre & Sousdiacre aux Messes conventuelles de nostredite Eglise Cathedrale, & qu'à cet effet elles ne pourront estre conferées qu'à des personnes constituées actuellement dans ledit ordre de Diacre, à peine de nullité : Et où il n'y auroit point de personnes natives d'Alet, ausquelles elles sont affectées privativement à tous autres, qui fussent constituez dans ledit ordre de Diacre, il sera permis à l'Archidiacre de nostredite Eglise, à qui la nomination & presentation ausdites Prebendes appartient, de nommer & presenter à icelles d'autres qui soient dans ledit ordre & qui ayent les qualitez requises par ladite Bulle de secularisation aux autres Prebendiers, que ceux-cy seront tenus d'avoir pour rendre service à nostredite Eglise ; & moyennant ce Nous avons mis les parties hors de Cour & de procez.

Mandons à nostre Promoteur de veiller incessamment à ce que nos presentes Ordonnances soient executées selon leur forme & teneur par toutes voyes, & de faire declarer contre les contrevenans les peines y contenuës, & autrement les poursuivre ainsi qu'il appartiendra. Donné à Alet le unziéme May de ladite année mil six cens soixante-trois. Nicolas Evesque d'Alet. Ainsi signé à l'original, d'où le present Extrait a esté tiré par moy soussigné Secretaire dudit Seigneur Evesque, qui certifie aussi avoir intimé, leu & publié les presentes Ordonnances à MM. dudit Chapitre assemblez dans le lieu capitulaire en prefence de mondit Seigneur, immediatement apres qu'elles furent faites par mondit Seigneur & leur en avoir donné copie. En foy dequoy, PEGA Secretaire, ainfi figné.

LA prefente copie dudit Extrait a efté par le Notaire Gardenotte du Roy au Chaftelet de Paris fousfigné collationné à l'original d'iceluy eftant en la poffef-fion dudit Notaire, comme Greffier nommé à cet effet, annexé à l'original de l'Arreft qui luy a efté depofé en ladite qualité de Greffier par M. Cheron, fui-vant l'acte eftant au bas, rendu par les Commiffaires députez par fa Majefté le 9. Avril dernier. Signé MOUNIER, avec paraphe.

JUGEMENT DE MM. LES COMMISSAIRES.

LES Commiffaires établis par le Roy Iuges Souverains en cette partie: A tous ceux qui ces prefentes Lettres verront, Salut ; Sçavoir faifons, Que procez ayant efté meu ENTRE Meffires Iacques Iofeph de Maynard de l'Eftang, Preftre, Chanoine & Doyen de l'Eglife Cathedrale Noftre-Dame d'Alet, Et François Rives auffi Preftre & Chanoine de ladite Eglife, appel-lans tant par appel fimple que comme d'abus des Ordonnances de vifite du Sieur Evefque d'Alet du 11. May 1663. & de l'Ordonnance du Sieur Arche-vefque de Narbonne ou fon Vicaire general du 29. Aouft audit an : Antoine d'Aultpoul Clerc, Chanoine de ladite Eglife, appellant tant par appel fimple que comme d'abus de l'article 16. defdites Ordonnances, de la Sentence du-dit Sieur Archevefque de Narbonne, ou fon Vicaire general, du 23. No-vembre audit an, & de l'Ordonnance dudit Sieur Evefque d'Alet du 22. De-cembre enfuivant : Et Antoine Montlaur, auffi Clerc Precenteur de ladite Eglife, appellant tant par appel fimple que comme d'abus des articles 4. & 16. defdites Ordonnances de vifite, de la Commiffion donnée par ledit Sieur Ar-chevefque au Sieur Dagen, par laquelle il conftitüe ledit Dagen Official Me-tropolitain pour les caufes d'appel de l'Officialité d'Alet où le Promoteur au-roit intereft ; de l'Ordonnance mife au pied d'une Requefte par l'Official d'A-let du 14. Iuin 1664. & du pretendu Defny de juftice. Et Meffire Vincent Ra-got Preftre, Docteur en Droit canonique, & Promoteur de l'Eglife & Dioce-fe d'Alet, intimé & deffendeur d'autre. Et entre ledit Ragot Promoteur, de-mandeur à ce que lefdites Ordonnances de vifite fuffent executées felon leur forme & teneur, d'une part ; Et Maiftre André Peliffier Syndic dudit Chapitre ; & ledit Chapitre, deffendeur d'autre part. VEV PAR NOVS Commiff-faires Iuges Souverains établis par Arreft du Confeil d'Eftat de fa Majefté du 24. Decembre 1665. le Compromis fait entre les parties le 21. Novembre 1665. paffé pardevant Mounier & fon compagnon Nottaires au Chaftelet de Paris. Ledit Arreft dudit jour 24. Decembre 1665. par lequel fa Majefté en confirmant ledit Compromis, nous a eftably Iuges fouverains en cette partie, tant pour terminer lefdites appellations, que toutes autres conteftations defdites par-tie par un ou plufieurs jugemens. Signification dudit Arreft faite audit de l'E-ftang Doyen, & à Maiftre Pierre Pomier fon refignataire, à Maiftres Loüis Albert & Noël Perriquet Commiffaire Apoftolique, à Maiftre Vitalis Al-phaye, Montlaur, Papillaudy, d'Hautpoul, Pradines, Ragot, Fabre, Hardy & d'Arfes Chanoines, Pech & Salva, & aux Chanoines du Chapitre de faint Paul de Fenoüillet les 5. 8. 22. 23. & 25. Ianvier dernier. Autre Arreft du Confeil

d'Eftat

d'Eſtat du premier Mars de la preſente année, par lequel ſa Majeſté ordonne que celuy du 24. Decembre precedent ſera executé ſelon ſa forme & teneur, & conformement à iceluy que ledit Rives & tous autres qui ont intereſt eſdites conteſtations procederont pardevant nous Iuges ſouverains dans huitaine, ſinon & à faute de ce faire, qu'il ſera paſſé outre au jugement deſdits procez. Signification dndit Arreſt faite auſdits Rives, d'Hautpoul & Montlaur les 12. 17. 18. & 20. Mars dernier. Extrait du procez verbal de viſite faite par le Sieur Eveſq. d'Alet dans le Chapitre de l'Egliſe Cathedrale de lad. Ville du 29. Avril de lad. année 1663. & autres jours ſuivans. Copie d'une pretendüe deliberation capitulaire dudit Chapitre de l'Egliſe Cathedrale d'Alet du 30. Avril 1663. Extrait des Ordonnances faites par ledit Sieur Eveſque lors de ladite viſite du 11. May 1663. Acte d'appel deſdites Ordonnances de viſite interjetté le 15. Iuillet enſuivant par ledit Sieur de l'Eſtang Doyen, tant en ſon nom qu'en celuy du Chapitre de ladite Egliſe Cathedrale, ſignifié audit Promoteur d'Alet le 24. enſuivant. Deliberations pretendües capitulaires dudit Chapitre Noſtre-Dame d'Alet des 1. 8. & 9. Aouſt audit an. Procuration du 7. Aouſt 1663. dudit de Maynard, de Iean de Fabre, Iean Aphaye, Antoine d'Hautpoul Chanoines, faiſans tant en leurs noms que pour leurs confreres Chanoines Capitulans abſens, Iean Papillaudi, Pierre Bataille, Gabriel de Montfaucon de Villars, Thomas Peprats & Iean Pepeyron, Prebendiers de ladite Egliſe, tant en leurs noms que de leurs confreres Prebendiers abſens, pour pourſuivre l'appel deſdites Ordonnances. Acte du 9. Aouſt, par lequel les Sieurs de Pradines, Montfaucon, Ragot, Hardy & d'Arſe deſavoüent l'appel fait deſdites Ordonnances au nom du Chapitre, ſignifié ledit jour audit de l'Eſtang & Rives. Arreſt du Parlement de Grenoble du 21. Aouſt audit an, ſignifié audit Chapitre d'Alet le 5. Septembre enſuivant, par lequel il eſt ordonné que leſdites Ordonnances de viſite dudit Sieur Eveſque du 11. May de ladite année ſeront executez nonobſtant l'appel és choſes qui dépendent de la juriſdiction epiſcopale, és cas de diſcipline eccleſiaſtique & correction des mœurs, ſauf l'appel comme d'abus en toute autre matiere. Requeſte preſentée par ledit Sieur Promoteur audit Sieur Archeveſque de Narbonne le 29. Aouſt audit an 1663. au pied de laquelle eſt l'Ordonnance rendüe par ledit Sieur Vicaire general dudit jour, portant que leſdites Ordonnances de viſite ſeront executées par proviſion & ſans prejudice de l'appel. Signification de ladite Ordonnance faite audit Chapitre d'Alet le 3. Septembre audit an. Appel interjetté par ledit de l'Eſtang de ladite Ordonnance du Vicaire general dudit jour 29. Aouſt le 12. Septembre 1663. ſignifié ledit jour. Requeſte preſentée à l'Official d'Alet par ledit Promoteur le dixiéme Octobre audit an, tendante à ce qu'il luy fut permis de faire informer de la ſuppoſition & antidatte de ladite deliberation pretendüe du 30. Avril, au pied de laquelle Requeſte eſt l'Ordonnance dudit Iuge du meſme jour & an, portant, Soit enquis. L'Information faite en conſequence le 11. Octobre audit an 1663. Sentence du Seneſchal de Limoux du 29. Octobre audit an rendüe entre ledit de l'Eſtang & ledit Promoteur & autres, portant que les Lettres de Quadrimeſtre obtenües parledit de l'Eſtang ſur ledit appel ſeront regiſtrées au nom dudit de l'Eſtang ſeulement, attendu le deſaveu fait par ledit Chapitre. Signification de ladite Sentence faite auſdits de l'Eſtang & Rives le 30. dudit mois d'Octobre. Copie de Bref appellatoire obtenu en Cour de Rome par leſdits de l'Eſtang & Rives le 22. Ianvier 1664. par lequel le Pape commet les Sieurs Eveſque d'Alby, Vabres, & de S. Papoul pour juger de l'appel interjetté par leſdits de l'Eſtang & Rives de l'Ordonnan-

B

ce renduë par le Sieur Archevesque de Narbonne, ou son Vicaire general, le 29. Aoust precedent. Commission du Sieur Evesque d'Alby du 12. Mars 1664. pour faire assigner ledit Sieur Promoteur pardevant luy avec ladite assignation donnée en consequence le 18. desdits mois & an. Extrait de Procez verbal des Ordonnances de visite faite par ledit Sieur Evesque d'Alet dans ladite Eglise Cathedrale du 17. Fevrier 1641. Autre extrait de Procez verbal de visite faite par ledit Seigneur Evesque en ladite Eglise le 8. Ianvier 1652. Deliberation dudit Chapitre d'Alet és Chapitres generaux du 4. May 1661. sur le sujet de la residence des Dignitez dudit Chapitre. Copie collationnée d'une Bulle du Pape Clement VII. donnée en 1531. portant secularisation de l'Eglise Cathedrale Nostre-Dame d'Alet. Copie collationnée des Statuts en latin de l'Eglise Cathedrale d'Alet. Copie d'une pretenduë Deliberation dudit Chapitre du 17. Octobre 1663. portant desaveu de tous les procez faits par ledit Rives en qualité de Syndic dudit Chapitre, audit Sieur Evesque d'Alet. Deliberation dudit Chapitre du 16. Avril 1664. portant desaveu des poursuites faites par lesdits de l'Estang & Rives au nom dudit Chapitre. Signification d'icelle du 23. Iuin 1665. Autre Deliberation dudit Chapitre du 16. Avril 1665. portant que ledit Pelissier Chanoine & Syndic dudit Chapitre, s'opposera par tout aux procez intentez par lesdits de l'Estang & Rives au nom dudit Chapitre. Procuration passée le 20. Avril 1665. par ledit Pelissier Syndic au profit de Maistre de la Marre Avocat en Parlement, portant pouvoir de desavoüer les poursuites faites au Conseil du Roy par lesdits de l'Estang & Rives au nom dudit Chapitre. Signification d'icelle le 23. Iuin 1665. Autre Deliberation dudit Chapitre d'Alet du 14. Decembre dernier, portant ratification du Compromis fait entre lesdits de l'Estang & Rives, ledit Promoteur d'Alet & autres, & que ledit Chapitre interviendra. Deliberation prise le mesme jour par les Prebendiers de ladite Eglise d'Alet, par laquelle conformement à la Deliberation dudit Chapitre ils desavoüent tout ce qui peut avoir esté fait en leur nom par ledit de l'Estang, donnant pouvoir à l'Avocat qui sera constitué par ledit Chapitre de ratifier ledit Compromis. Copie d'un Acte fait par lesdits d'Arse & Pech Chanoines dudit Alet le 14. Decembre, portant pareil desaveu. Deliberation dudit Chapitre d'Alet du 27. Ianvier 1666. pour intervenir devant nous pour impugner, si besoin est, la pretenduë Deliberation du 30. Avril 1663. Acte de Sommation faite par ledit Pelissier Syndic dudit Chapitre le 28. Ianvier dernier à Maistre Iean Fabre Chanoine, à ce qu'il ait à declarer s'il adhere à la deliberation capitulaire du jour precedent, avec la réponse dudit Fabre qui desavoüe tout ce qui a esté fait par lesdits de l'Estang & Rives, & adhere à ladite deliberation. Deux Actes de sommation faite ledit jour 28. Ianvier dernier à Maistre Cressan Peche & Iean Aphaye Chanoines dudit Alet, à la requeste dudit Pelissier Syndic, à ce qu'ils ayent à declarer s'ils adherent à ladite Deliberation capitulaire du 27. Ianvier dernier. Production des Chanoines & Prebendiers dudit Chapitre d'Alet. Requeste d'employ servant de production pour ledit Chapitre signifiée ausdits de l'Estang & Rives, & audit Sieur Promoteur le 9. Fevrier 1666. Autre Requeste à nous presentée par ledit Syndic dudit Chapitre d'Alet, avec la signification d'icelle du 22. Fevrier dernier. APPEL dudit d'Hautpoul du 16. art. desdites Ordonnances de visite des 11. May 1663. & 7. Aoust audit an. Sentence dudit Sieur Archevesque, ou son Vicaire general, donnée sur ledit appel, par laquelle ledit d'Hautpoul est debouté dudit appel avec dépens, du 23. Novembre audit an. Productions dudit d'Hautpoul & Promoteur pardevant ledit Sieur Archevesque, sur lesquelles a esté renduë la-

AFFAIRE DU Sr D'HAUT-POUL.

dite Sentence. Commiſſion de Maiſtre Noël Perriquet Vicaire general & Official de l'Eveſché d'Agde du 25. Fevrier 1664. Commiſſaire deputé par Bref
de ſa Sainteté du 22. Ianvier pour juger l'appel interjetté des Ordonnances du
Metropolitain de Narbonne, pour faire aſſigner pardevant luy & voir repre-
ſenter ſa commiſſion. Signification d'icelle du 25. Fevrier audit an. Vn Bref du
Pape du 25. Ianvier 1664. qui commet le premier Eveſque pour connoiſtre
de l'appel interjetté par ledit Promoteur d'Alet des Ordonnances du Metropolitain de Narbonne. Procedure faite par l'Official d'Agde en conſequence dudit Bref le cinq Fevrier & jours ſuivans. Deux Commiſſions dudit Perriquet
pour faire aſſigner pardevant luy ledit d'Hautpoul pour proceder ſur ledit appel du 25. Fevrier & 17. Mars 1664. ſignifiez les 26. & 28. Fevrier, premier
Avril & 5. May 1664. avec aſſignation audit d'Hautpoul. Procuration par luy
faite le 27. Septembre audit an au profit d'Antoine Choppy pour ſe preſenter
devant ledit Official d'Agde, & ſoûtenir ledit Sieur Promoteur non recevable
en ſon appel. Copie d'un Bref du Pape du 8. Iuin 1664. obtenu par ledit Promoteur d'Alet, par lequel ſa Sainteté renvoye au Sieur Eveſque de Lodeve la
connoiſſance des appellations reſpectivement interjettées par leſdits Promoteur & d'Hautpoul de l'Ordonnance du Metropolitain de Narbonne du 23.
Novembre 1663. Acte du 2. May 1664. ſignifié au Sieur Eveſque d'Alby le 5.
enſuivant, par lequel ledit Sieur Promoteur ſomme ledit Sieur Eveſque de
renvoyer les parties devant l'Official d'Agde. Acceptation faite le 11. Aouſt
1664. par led. ſieur Eveſque de Lodeve. Commiſſion du 12. dudit mois d'Aouſt,
pour faire aſſigner ledit d'Hautpoul ; avec l'aſſignation donnée en conſequence le 17. audit an. Autre Commiſſion dudit Sieur Eveſque de Lodeve du 4.
Septembre audit an, pour faire reaſſigner ledit d'Hautpoul. Comparution faite
par ledit d'Hautpoul à ladite reaſſignation le premier Octobre. Deux reliefs
d'appel comme d'abus relevez à Toulouze & à Grenoble par ledit d'Hautpoul
de la procedure contre luy faite cy deſſus des 4. Novembre 1664. & 11. Fevrier
enſuivant, ſignifiez le 26. Novembre 1664. & 26. Fevrier 1665. audit Sieur
Eveſque d'Alet & audit Promoteur, avec aſſignation eſdites Cours. Requeſte
d'employ ſervant de production produite par ledit Sieur Promoteur pardevant
leſdits Sieurs Commiſſaires Iuges ſouverains, & ſignifiée auſdits d'Hautpoul
le ſixiéme Fevrier dernier. Vn Cahier contenant toutes les ſommations
faites le ſeiziéme May & jours ſuivans par ledit d'Hautpoul, tant au
Sieur Eveſque d'Alet, qu'à Maiſtre Peliſſier Archipreſtre de ladite ville,
& au Curé de la Serpen au ſujet de la confeſſion. Copie de la Sentence du
Metropolitain de Narbonne du troiſiéme Novembre 1663. rendüe entre
leſdits Promoteur & d'Hautpoul, au pied de laquelle eſt un Executoire des
eſpices obtenu à Narbonne par ledit Promoteur contre ledit d'Hautpoul. Vne
autre Sentence dudit Metropolitain du meſme jour. Vne Requeſte preſentée
audit Seneſchal de Limoux par ledit Promoteur le 27. deſdits mois & an, ſignifiée le lendemain. Vne Ordonnance de l'Official Metropolitain de Narbonne du 29. dudit mois de Novembre 1663. & deux Executoires decernez
par ledit Iuge au profit dudit Promoteur le 24. Novembre 1663. Vne Requeſte preſentée à Limoux par ledit Promoteur le 27. enſuivant, ſignifiée le lendemain. Sommation faite par ledit d'Hautpoul au Curé de S. Cohat le 11. Decembre 1663. de le confeſſer. Ordonnance dudit Sieur Eveſque du 22. Decembre 1663. portant que ledit d'Hautpoul juſtifiera comme il a ſatisfait à l'Ordonnance de viſite, & juſques à ce deffenſe d'aſſiſter aux divins Offices. Acte
d'appel de ladite Ordonnance, relevé par ledit d'Hautpoul pardevant qui il

appartiendra le 23. Decembre 1663. signifiée le lendemain. Copie d'une Quit-
tance de Cent soixante dix livres dix-sept sols faite par ledit Promoteur audit
d'Hautpoul le 9. Avril 1664. pour les épices de la Sentence du Metropolitain
du 23. Novembre 1663. Requeste presentée au Parlement de Toulouze par
ledit d'Hautpoul le 30. Avril 1664. tendante à ce qu'il luy fut permis de faire
informer contre ledit Sieur Evesque d'Alet, de ce qu'il l'avoit obligé de sortir
de l'Eglise la veille de Noël precedent, au pied de laquelle Requeste sont des
conclusions du Parquet dudit jour, portant que ledit d'Hautpoul se pourvoira
pardevant le Metropolitain. Autre Requeste presentée par ledit d'Hautpoul
le 10. May 1661. tendante à ce que sans avoir égard aux conclusions, il luy fut
permis de faire informer; avec l'Ordonnance de ladite Cour portant commission au premier Magistrat ausdites fins, & une Commission decernée en consequence ledit jour. Bref intendit remis audit Parlement par ledit d'Hautpoul
contre ledit Sieur Evesque d'Alet. Information faite par Antoine de Murat
Conseiller au Senefchal de Limoux le 6. Novembre 1664. contre ledit Sieur
Evesque. Appel comme d'abus relevé au Parlement de Toulouze par ledit
d'Hautpoul le 11. Fevrier 1665. de la procedure contre luy faite, tant par ledit
Sieur Evesque d'Alet, que son Promoteur, que de la Sentence du Sieur Ar-
chevesque de Narbonne, ou son Vicaire general, dudit jour 23. Novemb. 1663.
Signification dudit appel, avec assignation à ladite Cour donnée audit Sieur
Evesque & audit Promoteur le 26. Fevrier audit an. Copie dudit Arrest du
Conseil d'Estat du 24. Decembre 1665. signifié audit d'Hautpoul le 22. Ianvier
ensuivant à la requeste dudit Promoteur. Production dudit d'Hautpoul faite
pardevant nous. ACTE du 22. Mars 1664. signifié le 28. par lequel Maistre
Antoine Montlaur Precenteur d'Alet declare audit Sieur Evesque, à l'Official
& Promoteur du Diocese qu'il adhere à l'appel interjetté en Cour de Rome
par lesdits de l'Estang & Rives. Procedure faite par le Metropolitain de Narbonne le 16. Iuin 1664. & jours suivans, sur l'appel interjetté par ledit Montlaur du Desny pretendu de Iustice faite par ledit Sieur Evesque d'Alet. Requeste presentée audit Parlement de Grenoble par ledit Montlaur le 2. Iuillet
1664. tendante à ce que deffenses fussent faites audit Sieur Evesque d'Alet, &
aux Chanoines de ladite Eglise de le troubler en la fonction & joüissance de
son benefice, au pied de laquelle est l'Ordonnance de la Cour dudit jour, portant Soit montré à partie. Trois autres Requestes presentées audit Parlement
par ledit de Montlaur les 2. 3. & 6. Iuillet dit an, signifiées le 23. Octobre
ensuivant. Relief d'appel comme d'abus pris audit Parlement de Grenoble
des 4. & 16. art. de l'Ordonnance de visite du 11. May 1663. ensemble de certaine Ordonnance de l'Official d'Alet mise sur pied de Requeste du 14. Iuin
1664. & de la Commission du Sieur Archevesque de Narbonne au Sieur Dagen pour connoistre des causes où le Promoteur a interest. Autre assignation
donnée audit Promoteur le 3. Novembre audit an. Deux Requestes presentées audit Parlement par ledit Promoteur les 22. & 26. Novembre audit an,
à ce que les Ordonnances de visite dudit Sieur Evesque fussent executées nonobstant ledit appel comme d'abus, avec l'Ordonnance de ladite Cour & Commission sur icelle du mesme jour, portant que lesdites Ordonnances seroient
executées. Saisie faite sur ledit Montlaur le 13. Decembre 1664. faute d'avoir
satisfait ausdites Ordonnances. Conclusions portées par ledit Promoteur sur
ledit appel comme d'abus du 8. Ianvier 1665. Requeste presentée ledit jour
audit Parlement par ledit Promoteur pour venir plaider à l'audience. Autre
Requeste presentée à ladite Cour par ledit Montlaur le 10. desdits mois & an,

signifiée ledit jour audit Promoteur, tendante à ce que ladite Ordonnance du 26. Novembre 1664. fut retractée. Autre Requeste dudit Promoteur pour plaider à l'audience de ladite Cour dudit jour, qui renvoye les parties au Mardy. Extrait du Concile Provincial de Narbonne de l'année 1609. Requeste presentée par ledit Promoteur le 16. Ianvier 1665. tendante à ce que l'Ordonnance de ladite Cour du 26. Novembre 1664. sera executée. Ordonnance dudit Parlement, portant que nonobstant ledit appel comme d'abus lesdits articles 4. & 16. seront executez, signifiée audit Montlaur le 25. dudit mois. Relief d'appel comme d'abus obtenu par ledit Montlaur en la Chancellerie de Toulouze le 14. Fevrier audit an, pour estre receu appellant comme d'abus desdits 4. & 16. art. de ladite Ordonnance de visite du 11. May 1663. signifiée audit Promoteur le 2. Mars, avec assignation ausdites Cours. Requeste presentée audit Parlement de Toulouze par ledit Montlaur le 26. Mars audit an, en opposition aux Ordonnances & jugemens rendus en celuy de Grenoble, avec l'Ordonnance du Parlement de Toulouze & Commission sur icelle dudit jour qui renvoye les parties en l'audience, signifiée audit Promoteur, avec assignation le 29. Avril ensuivant. Copie d'Arrest du Conseil du 10. Mars 1665. portant inhibitions & deffenses audit Montlaur de poursuivre au Parlement de Toulouze, jusques à ce qu'autrement en ait esté ordonné. Signification dudit Arrest faite audit Montlaur le 7. May audit an. Demande en profit de deffaut par ledit Montlaur audit Parlement de Toulouze contre ledit Promoteur le 23. Iuin 1665. Arrest rendu par deffaut audit Parlement le 28. Aoust, par lequel ladite Cour declare y avoir abus aux 4. & 16. art. desdites Ordonnances de visite. Signification dudit Arrest du 10. Septembre dernier. Executoire decerné en consequence ledit jour 28. Aoust audit an contre ledit Sieur Evesque d'Alet. Signification d'iceluy dudit jour 10. Septembre. Autre Executoire dudit jour de la somme de Cinq livres pour l'amende portée par ledit Arrest. Signification d'iceluy du 10. Septembre audit an. Saisie faite en consequence du 2. Octobre 1665. Signification faite. Requeste d'employ servant de production contre ledit Montlaur le 25. Fevrier dernier. Deux Actes de presentation faits par lesdits Hautpoul & Montlaur, par Barbot & Guillaume Gallonié leurs Avocats audit Conseil. Trois Sommations faites ausdits d'Hautpoul & Montlaur, la derniere du 30. Mars dernier, à ce qu'ils eussent à écrire & produire pardevers nous tout ce que bon leur sembleroit en execution dudit Arrest du 24. Decembre dernier. Griefs, Réponses, Escritures & Productions desdites parties. REQUESTE dudit Promoteur du 8. du mois d'Avril, contenant qu'au sujet des contestations pendantes pardevant lesdits Sieurs Commissaires entre luy d'une part, & ledit Sieur de l'Estang Doyen d'Alet, & les Sieurs Rives, Montlaur, & Hautpoul Chanoines, & le Chapitre de l'Eglise cathedrale d'autre, sur les Ordonnances de visite, on a formé sans fondement divers griefs & difficultez sur lesdites Ordonnances, d'autant que PREMIEREMENT quand il est dit dans le deuxième article que lors qu'un benefice sera litigieux, le Tresorier retiendra les distributions jusques à ce que le possessoire soit jugé, on a entendu par le mot de *possessoire* la recreance qu'on appelle dans le païs possessoire, l'intention du Sieur Evesque d'Alet n'ayant esté autre que d'empescher que le Chapitre ne payast deux fois, comme il est arrivé, en payant à celuy qui seroit évincé dans le possessoire, & contre lequel il y auroit Sentence de recreance. SECONDEMENT, quand il est dit au troisiéme article, *& conformement au S. Concile de Trente nous deffendons aux pourveus de s'ingerer de faire aucune fonction qu'ils ne se soyent presentez devant nous, &*

que nous n'ayons reconnu qu'ils ont lesdites qualitez requises par la Bulle, & qu'ils ne nous ayent exhibé leurs lettres d'ordre, & attestation des vie & mœurs, à peine de suspense IPSO FACTO, *s'ils sont dans les Ordres sacrez, & d'interdit aussi* IPSO FACTO *à nous reservé, s'ils sont seulement dans les moindres ordres ou dans la clericature,* ledit Sieur Evesque d'Alet n'a pas pretendu par là se rendre maistre de la disposition des benefices qui dépendent du Chapitre, & moins encore d'en annuller les provisions, mais seulement de s'aquitter de l'obligation que Dieu luy a imposée d'empescher autant qu'il est en luy que les personnes notoirement indignes ou scandaleuses ne déservent ces benefices, & ne fassent les fonctions dans son Diocese: ainsi on ne peut pretendre que faussement qu'il ait voulu par cette Ordonnance troubler les pourveus par ledit Chapitre sur leur titre & provision de leurs benefices. QUANT au 4. art. il est tiré presque de mot à mot du 30. chapitre du Concile Provincial de Narbonne. Que si on enjoint dans ledit article au Syndic dudit Chapitre de faire saisir quelques fruits pour le passé, cela ne regardoit qu'un particulier, qui a du depuis satisfait; de sorte qu'on n'a point pretendu, comme on ne pretend pas encore, faire remonter l'effet de cette Ordonnance au delà du jour de la publication qui en fut faite au Chapitre le 11. May 1663. C'EST aussi à tort que les Sieurs de l'Estang, Rives, & autres se plaignent de l'art. 9. qui est tres-utile au Chapitre, comme il l'a reconnu, on y void au contraire une grande moderation, Monsieur d'Alet pouvoit leur proposer les moyens de droit pour empescher l'engagement de leur Manse, & les obliger de s'en servir, c'est ce qu'il ne fait point, il leur laisse mesme le choix des moyens qui luy seront communiquez pour les authoriser, s'ils sont legitimes, & en ordonner l'execution suivant la deliberation Capitulaire, ou s'ils sont ruineux au Chapitre, illegitimes & contraires au droit, leur deffendre de s'en servir & leur ordonner d'employer les moyens prescrits par les Canons, ce qui est le seul sens de cette Ordonnance. POUR ce qui est du 16. article qui regarde le Sacrement de Penitence, ledit Sieur Evesque d'Alet a tasché de suivre les regles de l'Eglise & la conduitte de S. Charles; & comme d'un costé il conserve aux penitens dans le choix des Confesseurs toute la liberté que l'Eglise veut qu'ils ayent, il s'applique serieusement de l'autre à faire en sorte qu'ils n'abusent pas d'un Sacrement aussi necessaire qu'est celuy-là; c'est pour cela qu'il proportionne autant qu'il luy est possible les qualitez des Confesseurs aux besoins des penitens, & c'est ce qu'il fait par cette Ordonnance. L'Archiprestre d'Alet est le Curé du Chapitre, outre luy, & son Vicaire, ledit Sieur Evesque a deputé particulierement huit Confesseurs pour entendre les confessions des Ecclesiastiques qui composent le Chapitre, lesquels peuvent encore s'adresser non seulement aux Curez & Vicaires du Diocese qui ne sont approuvez que pour leurs Parroisses, pourveu qu'ils en ayent la licence par écrit du Sieur Archiprestre ou dudit Sieur Evesque, laquelle s'accorde toûjours facilement, mais encore à tous les Prestres seculiers & reguliers qui sont approuvez par ledit Sieur Evesque d'Alet pour son Diocese generalement, absolument, & sans restriction, sans neanmoins que pour se confesser à ces derniers, ils ayent besoin de nouvelle permission. Et quant aux confessions qui se font hors le Diocese, il ne condamne que celles qui se font en fraude, *dedita opera*, à dessein de fuïr le jugement de son Pasteur, ou d'éviter la penitence ou le refus d'absolution qu'on sçait meriter selon les regles de l'Eglise. VOILA l'ordre & l'usage du Diocese d'Alet, & le sens auquel on a toûjours entendu cette Ordonnance. Requerant ledit Promoteur que veu ladite Requeste, les conclusions par luy prises au sujet

defdites Ordonnances luy foient adjugées ; au bas de laquelle eſt l'Ordonnance portant Ait acte & foit fignifié du 8. Avril 1666. Signification de ladite
Requeſte defdits jour & an aufdits Sieurs de l'Eſtang, Rives, Montlaur &
d'Hautpoul.

Tout Considere', NOVS COMMISSAIRES ET IVGES
SOVVERAINS, faifans droit fur toutes les appellations tant fimples que
comme d'abus defdites Ordonnances de vifite du 11. May 1663. & de ladite
Sentence du Metropolitain de Narbonne du 29. Aouſt audit an , & toutes lef-
dites autres appellations, & fans s'arrefter audit Arreſt rendu par deffaut du
28. Aouſt 1665. AVONS mis & mettons les parties hors de Cour & de
Procez fans dépens. Fait à Paris le 9. Avril 1666. Ainſi Signé, Nicolas
Eveſque de Luçon , Le Nain , De Voyer , D'Argenſon , De Benjamin ,
L'Abbé Camus , M. Cheron, & Pinſon. Et enfuite eſt écrit.

Ce jourd'huy dix-fept Avril 1666. Meſſire Nicolas Cheron grand Chantre
& Chanoine de l'Egliſe cathedrale de Bourges , eſtant de prefent à Paris , l'un
des Commiſſaires nommez en l'Arreſt cy-deſſus , & des autres parts écrits , a
apporté à Mounier Nottaire Gardenottes du Roy au Chaſtelet de Paris fouſ-
figné , le fufdit Arreſt pour le garder & mettre au rang de fes minuttes , & en
eſtre delivré par luy comme Greffier nommé & convenu par lefdits Sieurs
Commiſſaires , expeditions aux parties ; & a ledit Sieur Cheron figné la mi-
nutte du prefent Acte écrit au bas de l'original dudit Arreſt : le tout demeuré
audit Mounier Nottaire. Au bas , Signé Mounier , avec paraphe.

ARREST DV CONSEIL D'ESTAT
CONFIRMATIF DUDIT JUGEMENT.

Extrait des Regiſtres du Conſeil d'Eſtat du Roy.

LE ROY eſtant en fon Confeil, s'eſtant fait reprefenter le Iugement ren-
du le neuf Avril dernier par les Sieurs Colbert Eveſque de Luçon , le Nain
& de Voyer Maiſtres des Requeſtes ordinaires de fon Hoſtel , les Abbez le
Camus , Benjamin & Cheron , & Pinſon Avocat en la Cour de Parlement,
Iuges fouverains en cette partie établis par Arreſt de fon Confeil d'Eſtat du
24. Decembre dernier, entre Maiſtre Iacques Iofeph de Maynard de l'Eſtang
Pieſtre , Chanoine , Doyen de l'Egliſe cathedrale Noſtre-Dame d'Alet ;
François Rives, auſſi Preſtre & Chanoine de ladite Egliſe , appellans tant par
appel fimple que comme d'abus des Ordonnances de vifite du Sieur Eveſque
d'Alet du 11. May 1663. & en particulier des articles 2. 3. 4. 9. & 16. defdites
Ordonnances & de l'Ordonnance du Sieur Archeveſque de Narbonne, ou
fon Vicaire general, du 29. Aouſt audit an : Antoine d'Hautpoul Clerc, Chanoine de ladite Egliſe, appellant tant par appel fimple que comme d'abus de
l'article 16. defdites Ordonnances, de la Sentence du Sieur Archeveſque de
Narbonne ou fon Vicaire general du 23. Novembre audit an , & de l'Ordonnance dudit Sieur Eveſque d'Alet du 22. Decembre enfuivant : Et Antoine
Montlaur auſſi Clerc, Precenteur de ladite Egliſe , appellant tant par appel
fimple que comme d'abus des articles 4. & 16. defdites Ordonnances de vifite,
de la Commiſſion donnée par le Sieur Archeveſque de Narbonne au Sieur

Dagen, par laquelle il conftitüe ledit Dagen Official Metropolitain pour les caufes d'appel de l'Officialité d'Alet où le Promoteur auroit intereft, de l'Ordonnance mife au pied d'une Requefte par l'Official d'Alet du 14. Iuin 1664. & du pretendu Defny de juftice. Et Meffire Vincent Ragot Preftre, Docteur en Droit canonique & Promoteur de l'Eglife & Diocefe d'Alet, intimé & deffendeur d'autre. Et entre ledit Ragot Promoteur, demandeur à ce que lefdites Ordonnances de vifite foient executées felon leur forme & teneur d'une part: & Maiftre André Peliffier Syndic dudit Chapitre, & ledit Chapitre, deffendeur d'autre, par lequel Iugement lefdits Commiffaires apres un long & ferieux examen du merite du differend & du droit des parties, Faisant droit fur toutes les appellations tant fimples que comme d'abus defdites Ordonnances du 11. May 1663. & de l'Ordonnance du Metropolitain de Narbonne du 29. Aouft audit an & toutes lefdites autres appellations, & fans s'arrefter à l'Arreft rendu par deffaut au Parlement de Toulouze du 28. Aouft 1665. ont mis les parties hors de Cour & de procez fans dépens. Et attendu que de l'execution dudit Iugement dépend la paix & le repos dudit Diocefe d'Alet, SA MAIESTE' ESTANT EN SON CONSEIL, a ordonné & ordonne que le Iugement rendu ledit jour 9. Avril dernier par lefdits Commiffaires, fera executé felon fa forme & teneur. Fait inhibitions & deffenfes aux parties d'y contrevenir fous quel pretexte que ce foit; Enjoint fa Majefté à tous fes Iuges & officiers de tenir la main à l'execution dudit Arreft. Fait au Confeil d'Eftat du Roy, Sa Majefté y eftant; Tenu à faint Germain en Laye le douziéme May mil fix cens foixante-fix. Signé, Le Tellier, avec paraphe.

LOVIS par la grace de Dieu Roy de France & de Navarre. Au premier noftre Huiffier ou Sergent fur ce requis : Nous te mandons & commandons par ces prefentes fignées de noftre main, que l'Arreft ce jourd'huy donné en noftre Confeil d'Eftat, nous y eftans, dont l'extrait eft cy-attaché fous le contrefeel de noftre Chancellerie, Tu fignifies à tous qu'il appartiendra, afin qu'ils n'en pretendent caufe d'ignorance, & faffes au furplus pour l'entiere execution d'iceluy tous Exploits & autres Actes neceffaires, fans pour ce demander aucun Congé, Placet, Vifa, ny Pareatis : Car tel eft noftre plaifir. Donné à Saint Germain en Laye le douziéme May l'an de grace mil fix cens foixante-fix ; & de noftre regne le vingt-troifiéme. Signé, LOVIS. Par le Roy, Le Tellier, avec paraphe.

A NOSSEIGNEVRS

DE

L'ASSEMBLEE GENERALE

DV CLERGE' DE FRANCE.

Vpplie humblement Vincent Ragot Prestre, Promoteur de l'Eglise & Diocese d'Alet, disant :

Que s'il y eût jamais une affaire dans laquelle MESSEIGNEURS les Evesques soient obligez de pratiquer les saints Canons, qui ordonnent aux Evesques de s'assister les uns les autres, pour reprimer ceux qui outragent leur dignité, & qui aneantissent leur jurisdiction ; Ils jugeront sans doute, que c'est celle que le suppliant est obligé de soûtenir devant Sa Majesté contre les Sieurs de l'Estang & Rives, l'un Doyen, & l'autre Chanoine de l'Eglise d'Alet.

Ces Ecclesiastiques, MESSEIGNEURS, n'ont pas seulement eü l'insolence de ravir à l'Eglise sa jurisdiction, en portant en premiere instance à des Iuges laïques, sans appel comme d'abus, la cause du monde la plus Ecclesiastique. Ils ne se sont pas contentez aussi de mépriser ses censures, en se rétablissant par force dans leurs fonctions sur des absolutions *ad cautelam*, données par des Iuges sans pouvoir & sans jurisdiction : Mais pour combler tous leurs attentats, & détruire tout le bien que Dieu a étably dans le Diocese d'Alet, par le ministère du saint Evesque qu'il luy a donné, ils ont entrepris de le déchirer par les injures les plus sanglantes, & par les plus detestables calomnies.

Il y avoit long-temps, MESSEIGNEURS, que l'on sçavoit que ces deux personnes estoient liez d'interest & de faction avec la cabale des Gentils-hommes du Diocese, qui ont fait une ligue seditieuse, pour se maintenir dans la liberté de continuer dans leurs desordres, dont Monseigneur l'Evesque d'Alet tâchoit de les retirer. On sçavoit aussi, que comme ils se servoient de ces Gentils-hommes dans le Parlement de Toulouze, ils les avoient aussi aidez à fabriquer ces plaintes calomnieuses que cette Noblesse liguée a osé porter, mesme jusqu'aux oreilles de Sa Majesté, & que M. l'Evesque d'Alet a refutées par une réponse si forte & si chrétienne, que Sa Majesté a esté pleinement persuadée de son innocence, & de la malice de ces accusateurs ; comme toute l'Eglise a esté edifiée de la douceur & de l'humilité avec laquelle il repousse de si grands outrages.

Mais on ne s'étoit pas imaginé que leur hardiesse pûst aller jusques à ce point, que de se rendre propres ces horribles calomnies, & de les publier eux-mesmes en des écrits juridiques signez de leurs noms, & dont ils sont obligez de répondre. C'est neanmoins ce que l'on a veu, MESSEIGNEURS, avec un étonnement extraordinaire dans l'avertissement que lesdits Sieurs de l'Estang & Rives ont produit au Conseil du Roy, pour une affaire dans laquelle

A

M. d'Alet n'eſt pas meſme partie , & que je ſoûtiens ſeul contr'eux par le devoir de la charge que j'exerce de Promoteur de l'Egliſe & Dioceſe d'Alet.

Il ne leur ſuffit pas d'accuſer par tout dans cet écrit M. l'Eveſque d'Alet
d'aveuglement , *d'égarement* , *d'endurciſſement* , *d'emportement* , de *paſſion* ,
d'obſtination , de *rebellion* , de *diſſimulation* , *d'injuſtice* , de *violence* , de *conduite irreguliere* , de *doctrine et de route particuliere* , *d'abus des Cenſures* de
l'Egliſe ; Mais afin de faire entrer davantage ces injures dans l'eſprit de ceux
qui verront cet Avertiſſement, ils les attachent à des faits horribles & ſurpre-
nans. Voicy entr'autres l'extrait des lieux de cet Avertiſſement, où leſdits Sieurs
de l'Eſtang & Rives ont ramaſſé tout leur venin. ●

Copie des pages 84, 85, 86, 87, 88, 89, 90. de l'Avertiſſement des Sieurs de l'Eſtang & Rives.

„ 84.   Cette perſecution eſt d'autant plus grande, & merite davantage, de devenir
„   l'objet de la juſtice & de la commiſeration de Sa Majeſté;qu'ils ne ſont pas ſeuls
„   expoſez à l'injuſtice, à la violence & à la conduite ſinguliere dudit Sieur Eveſ-
„   que d'Alet ; au contraire, preſque tous les Eccleſiaſtiques, tous les Ordres,
„   & tous les Sexes de ſon Dioceſe en reſſentent les atteintes. L'on y voit depuis
„   une longue ſuitte d'années une infinité de pauvres gens interdits des Sacre-
„   mens , dont les Confeſſeurs & les Adminiſtrateurs abuſent, juſqu'à s'en ſervir
„ 85. pour ſe rendre maîtres de leurs intereſts domeſtiques. L'on a veu pluſieurs per-
„   ſonnes eſtre condamnées à des penitences publiques, paſſer pluſieurs Diman-
„   ches conſecutifs à la porte des Egliſes, preſque tous nuds en chemiſe, & la tor-
„   che au point. L'on voit à tout moment M. l'Eveſque d'Alet refuſer les ſigna-
„   tures de Rome, & n'admettre jamais aucunes penſions, quoy que legitime-
„   ment & canoniquement établies. L'on entend preſcher dans toutes les Egliſes,
„   que les Confeſſions faites hors du Dioceſe, meſme en temps de Iubilé, & aux
„ 86. lieux où il y a des devotions particulieres, ſont des ſacrileges & des Confeſ-
„   ſions invalides. L'on y a veu faire des défenſes de donner l'aumône aux Peres
„   Capucins, à peine de peché mortel. L'on y a veu les penitens eſtre obligez de
„   venir à confeſſe avec un Notaire, pour prendre acte du refus des Confeſſeurs,
„   leſquels bien ſouvent faiſant ſemblant, juſqu'à ce que les Notaires ſe fuſſent
„   retirez, de vouloir confeſſer ceux qui ſe preſentoient à eux, les refuſoient en
„ 87. ſuitte avec ſcandale, par une illuſion criminelle d'un Sacrement ſi neceſſaire,
„   lors que ces meſmes penitens n'ont pas voulu ſe ſoûmettre aveuglement aux
„   ſentimens de ces Confeſſeurs, le plus ſouvent en des affaires purement tem-
„   porelles. Et leur emportement a paſſé, juſques à refuſer par cette meſme rai-
„   ſon, les Sacremens à des moribons. L'on voit dans le meſme Dioceſe les Agens
„   dudit Sieur Eveſque, vouloir obliger les femmes à ſe ſeparer de leurs maris,
„ 88. de lict, d'habitation, & d'intereſt. L'on a veu publiquement refuſer la ſainte
„   Communion à des perſonnes d'une probité connuë. Il y a des preuves des
„   Confeſſions qui ont eſté revelées ; & ce qui eſt encore de plus épouventable,
„   que tout ce qui vient d'eſtre repreſenté : On a ſçeu que le Promoteur dudit
„   Sieur Eveſque avoit fait accuſer un pauvre Prêtre, par une femme, de l'avoir
„   engroſſée ; & que luy ayant fait quitter le Dioceſe, & ſon Benefice tout en-

femble par fon artifice ; cette mefme femme eftant à l'agonie, declara la ve- "
rité de ce qui s'étoit paffé, & la fauffeté de cette accufation ; ce qu'elle confir- "
ma du depuis, Dieu luy ayant rendu fa fanté, pour rendre encore aujourd'huy 89. "
témoignage à la verité, s'il eftoit neceffaire. L'on y a veu des Prêtres empri- "
fonnez & détenus dans des cachots & dans des tours, avec une feverité fi ter- "
rible, que les uns fe font precipitez, & les autres ont perdu leur ame par le "
poifon, plûtoft que de laiffer davantage leurs corps expofez aux fupplices qu'on "
leur faifoit endurer. Et enfin, l'on y prefche une doctrine fi auftere & difpen- 90. "
fée, avec fi peu de moderation, que les extremitez où les peuples de ce Dio- "
cefe fe font jettez, font fi extrêmes, que la bien-feance mefme empefche lef- "
dits Sieurs de l'Eftang & Rives de dire les chofes qu'ils ont efté capables d'exe- "
cuter.

Et dans la page 113. ils ajoûtent :

Il femble que le deffein de M. l'Evefque d'Alet eft d'abolir l'ufage des 113. "
Confeffions ; quoy que, comme dit Pie V. dans fon Catechifme fur le Concile "
de Trente, l'on doive à ce Sacrement tout ce qui refte de pieté Chrétienne. "

Ie ne doute point, Messeigneurs, que vous n'ayez efté faifis d'horreur
d'une fi fcandaleufe diffamation d'un des plus faints Evefques de ce fiecle: Mais
afin de vous en faire mieux connoître l'indignité, j'ay creu qu'il ne feroit pas
inutile de vous prefenter la réponfe que M. d'Alet a faite aux plaintes des
Gentils-hommes, qui comprennent prefque tous les chefs des reproches que
les Sieurs de l'Eftang & Rives renouvellent dans cet endroit, & d'y ajoûter
mefme quelque éclairciffement fur les faits nouveaux qu'ils alleguent, par lequel vous reconnoîtrez qu'on ne peut concevoir une plus grande & plus inex-
cufable malice que celle defdits Sieurs de l'Eftang & Rives, d'avoir voulu ainfi
noircir la reputation d'un faint Evefque, par de fi execrables impoftures.

Aprés cela, Messeigneurs, vous trouverez bon que je vous reprefente,
qu'il eft abfolument de voftre honneur, & de l'intereft de l'Eglife, de ne pas
fouffrir qu'on foule aux pieds fi indignement voftre dignité, en la perfonne
d'un de vos Confreres.

M. l'Evefque d'Alet ne demande point de privilege. Comme il ne pretend
point eftre infaillible, il ne pretend point auffi eftre inviolable. Il eft preft de
répondre de fes actions & de fa doctrine dans les formes de l'Eglife, contre
qui que ce foit qui l'en voudra legitimement accufer ; & fi lefdits Sieurs de
l'Eftang & Rives croyent eftre bien fondez dans ces horribles accufations
qu'ils propofent contre luy, & qu'ils les veulent foûtenir comme veritables,
felon les formes canoniques, M. d'Alet ne fe fervira jamais d'aucun moyen
pour empefcher leurs pourfuites.

Mais s'il eft vray au contraire, que ce font des calomnies fans apparence
& fans fondement qu'ils veulent publier pour le décrier, mais qu'ils n'oferoient
& ne peuvent foûtenir devant aucun Tribunal ; il n'eft pas jufte que M. d'Alet
foit privé du droit de tous les Evefques, & mefme de tous les particuliers, ny
que lefdits Sieurs de l'Eftang & Rives foient exempts des peines que les loix
civiles & Ecclefiaftiques ont établies contre les calomniateurs.

Voùs fçavez, Messeigneurs, que le 34. Canon des Apôtres, ordonne ex-preffément, que fi quelque Clerc outrage un Evefque, qu'il foit dépofé : *Si quis Clericus Epifcopum contumelia affecerit, deponatur. Scriptum eft enim principem populi tui non maledices :* Que le Concile Eliberitain, c. 74. refufe mef-me la Communion à la mort aux calomniateurs des Evefques , des Prêtres, & des Diacres ; *Si quis Epifcopum, vel Prefbyterum, vel Diaconum falfis criminibus appetierit & probare non potuerit , nec in fine dandam ei Communionem.* Ce qui eft repeté en propres termes dans les Capitulaires du Pape Adrien, c. 62.

Vous fçavez, Messeigneurs, que le premier Concile d'Arles , c. 14. & le fecond, c. 24. excluent generalement de la Communion jufqu'à la mort, les faux accufateurs : Que le Concile de Mafcon, de l'an 581. c. 18. les condamne à la penitence publique : Que le faux témoignage eft puny dans le Capitulaire de Theodulphe de l'an 797. c. 27. de fept ans de penitence : Que le Concile 4. de Carthage , c. 55. excommunie & exclut du Sacerdoce les calomniateurs ; & que pour de fimples médifances qui n'approchent pas de ces calomnies atroces qu'on a avancées contre M. l'Evefque d'Alet, il eft dit expreffement au Can. 57. *Clericus maledicus cogatur ad poftulandam veniam ; fi noluerit, degradetur.*

Ie ne rapporteray point la feverité de quelques autres loix Ecclefiaftiques & civiles , qui ont puny les calomnies de peines corporelles, & mefme du dernier fupplice ; ces remedes font trop éloignez de voftre efprit auffi bien que de celuy de M. l'Evefque d'Alet ; Mais il eft vifible, Messeigneurs, que fi ces excés commis par lefdits Sieurs de l'Eftang & Rives demeurent entiere-ment impunis, voftre dignité facrée fera tous les jours expofée aux outrages des méchans, qui vous déchireront comme il leur plaira, & empefcheront par ce décry fcandaleux le fruit de vos travaux dans vos Diocefes, fans en ap-prehender de punition : Et c'eft ce qui vous obligera fans doute de prendre dans cette caufe la part que voftre amour pour l'Eglife, demande de vous ; afin d'obtenir de Sa Majefté , que ces calomnies avancées par lefdits Sieurs de l'Eftang & Rives, contre l'honneur de M. l'Evefque d'Alet, foient reparées par une fatisfaction qui correfponde en quelque forte à l'énormité de leurs actions.

Cette raifon , Messeigneurs, feroit plus que fuffifante, pour vous porter à vous intereffer dans cette affaire, & à appuyer de voftre recommandation auprés de Sa Majefté , les juftes pourfuites que je fais contre lefdits Sieurs de l'Eftang & Rives : Mais j'efpere de plus , que lors que vous aurez reconnu par l'Avertiffement, que je me fuis cru obligé de vous prefenter le fujet de tout ce different, vous demeurerez perfuadez qu'il s'y agit de la ruine entiere de toute la Iurifdiction Ecclefiaftique : Et qu'ainfi, le Clergé eft obligé d'employer tous fes foins , pour obtenir du Roy un Reglement qui conferve à l'Eglife fa legitime puiffance.

Il eft certain, Messeigneurs, que l'Eglife en eft abfolument dépoüillée, s'il eft permis de porter en premiere Inftance, & fans appel comme d'abus, au tribunal laïque des caufes purement ecclefiaftiques, contre l'ufage ordinaire du Royaume , fous pretexte de poffeffoire. Et cependant, c'eft ce qu'ont pre-tendu faire lefdits Sieurs de l'Eftang & Rives, qui ont porté en premiere Inſtance au Parlement de Touloufe la Caufe du monde la plus Eccleſiaſtique; qui eſt de ſçavoir, ſi c'eſt un ſujet de priver des Chanoines d'un Chapitre non exempt du droit d'opiner ſur des Ordonnancesde leur Eveſque; de ce que ſuivant les Canons & la Diſcipline de l'Egliſe, ils demeurent dans ſa maiſon, & tâchent de ſuivre ſa conduite.

Il eſt certain encore, MESSEIGNEURS, que l'Egliſe n'a plus de Iuriſdiction, s'il eſt permis d'éluder ſes Cenſures, qui ſont les plus fortes armes dont elle ſe ſerve, par une abſolution *ad cautelam*, en vertu de laquelle on ſe rétabliſſe dans toutes les fonctions, qnoy que cette abſolution ait eſté obtenuë ſans aucune connoiſſance de cauſe, & qu'elle ait eſté donnée par des perſonnes ſans Iuriſdiction.

Car ces ſortes d'abſolutions ne pouvant jamais manquer à perſonne, s'il eſt vray qu'elles ont pour effet de rétablir dans les fonctions, toutes les excommunications des Eveſques, pour quelques cauſes que ce ſoit, ſeront le joüet & la moquerie de tous les Eccleſiaſtiques déreglez; & il n'y a point d'Eveſque qui vouluſt uſer à l'avenir d'un pouvoir qu'il ſeroit ſi facile de rendre illuſoire, & meſme ridicule : Et ainſi voilà l'Egliſe abſolument privée du pouvoir de lier les pecheurs; Pouvoir qu'elle ne tient pas des hommes, mais de IESUS-CHRIST meſme, & qui luy a eſté accordé par ces paroles : *Quæcunque ligaveris ſuper terram erunt ligata & in cœlo.*

Et c'eſt pourquoy, MESSEIGNEURS, il n'y a rien que le Clergé ne doive faire pour s'oppoſer aux deſſeins pernicieux de ces deux Eccleſiaſtiques, qui pour ſe mettre à couvert de la juſte ſeverité de l'Egliſe, ne pretendent rien moins que d'aneantir ſa Iuriſdiction, en faiſant valoir une abſolution *ad cautelam*, obtenuë ſans connoiſſance de cauſe, de Iuges ſans Iuriſdiction & ſans pouvoir : Et l'unique moyen de le faire efficacement, eſt d'obtenir du Roy un Reglement, par lequel il ſoit declaré, ou que les abſolutions *ad cautelam* n'ont point pour effet, de rétablir dans les fonctions : ou qu'elles ſont nulles & de nul effet, à moins qu'elles ne ſoient accordées par le Superieur legitime & avec connoiſſance de cauſe, & ſur une preuve à demy pleine, *poſt ſemiplenam probationem*, qui ſont des conditions que les Canoniſtes les plus favorables à ces abſolutions exigent formellement, & ſelon leſquelles toutes les abſolutions deſdits Sieurs de l'Eſtang & Rives ſont viſiblement nulles; comme on l'a fait voir dans l'Avertiſſement preſenté à Sa Majeſté, & dont j'ay joint une copie à cette Requeſte.

CE CONSIDERÉ, MESSEIGNEVRS, il vous plaiſe vous joindre en cauſe avec le Supliant, pour pourſuivre la reparation des outrages faits à M. l'Eveſque d'Alet, & les Reglemens ſuſdits touchant les abſolutions *ad cautelam* & le tranſport de la Iuriſdiction Eccleſiaſtique, & le Suppliant continuera ſes vœux & ſes prieres pour voſtre proſperité.

AVIS SVR LES PIECES SVIVANTES.

Monseignevr l'Evefque d'Alet ayant voulu apporter quelque ordre à la licence de plufieurs Gentils-hommes de fon Diocefe, qui vivoient en un horrible defordre, & exerçoient des vexations inoüies fur les Sujets du Roy; & ayant efté côtraint pour cela d'interdire l'entrée de l'Eglife à quelques-uns d'eux: ces Gentils-hommes, pour fe conferver dans cette mal-heureufe liberté, firent diverfes affemblées entr'eux, & créerent des Syndics, dont l'employ eftoit de courir de village en village, pour folliciter les habitans de fe plaindre de leurs Curez & de M. l'Evefque d'Alet.

Plufieurs Reguliers à qui ce Prelat n'avoit pas voulu accorder la permiffion de confeffer; & quelques Ecclefiaftiques qui ne pouvoient fouffrir qu'on les obligeât de vivre clericalement, fe joignirent à cette cabale, dans le deffein de ruïner toute la difcipline que M. d'Alet a établie dans fon Diocefe, par le travail de 25 années.

Le principal moyen qu'ils employerent pour cela, fut de dreffer un cayer de plaintes, qu'ils envoyerent au R. P. Annat, avec une lettre fignée de 15. ou 16. de ces Gentils-hommes. Ce Pere prefenta cette piece au Roy; & fa Majefté eut la bonté d'ordonner à Monfeigneur l'Archevefque de Paris d'en écrire à M. d'Alet, & de luy en envoyer copie. Il le fit & d'une maniere tres-obligeante, M. d'Alet luy écrivit la lettre imprimée cy-apres, avec les refponfes à ces plaintes, lefquelles ayant efté prefentées au Roy par Monfeigneur l'Archevefque de Paris; Sa Majefté aprés les avoir examinées dans fon Confeil le chargea d'écrire de fa part à M. d'Alet, qu'elle eftoit pleinement fatisfaite de fes réponfes & de fa conduite, & qu'elle fe recommandoit à fes prieres, aufquelles elle avoit bien de la confiance.

On a ajoûté à tout cela une Refutation abregée des nouvelles calomnies que les Sieurs de l'Eftang & Rives ont avancées dans leurs écritures contre la Reputation de ce Prelat.

LETTRE DE MONSEIGNEVR L'EVESQVE
d'Alet, écrite à Monseigneur l'Evesque de Rodez nommé par sa Majesté, à l'Archevesché de Paris.

MONSEIGNEVR,

Il n'y a que trois ou quatre jours que j'ay receu vostre derniere du 23. Iuin, avec le memoire des plaintes qui se font contre moy ; on n'a point perdu de temps pour y répondre, je vous envoye donc l'écrit de ces ré-ponses, sans art & ornement, mais non pas sans verité, simplicité & bonne foy. I'eusse bien desiré qu'il eût esté plus court pour ne pas exercer la patien-ce de ceux qui le liront : Mais vous sçavez, Monseigneur, qu'il est plus aisé de faire des blessures que de les guerir : Quand on sçaura les personnes qui en font les auteurs en particulier, on tâchera de faire voir qu'on ne doit pas tou-te creance à leur denonciation, non plus qu'aux témoins qu'ils pourroient produire pour appuyer leurs accusations ; car on m'a donné avis qu'on fait courir ce Diocese pour en chercher de tous costez, je ne me mets pas beau-coup en peine de tout cela, dans l'esperance que Dieu me donne qu'il ne lais-sera pas l'innocence, & sa verité long temps dans l'oppression : où s'il le per-met ainsi, ce sera pour en tirer de plus grands avantages pour son service & celuy de son Eglise, par des voyes qui paroissent au jugement humain toutes contraires à ce dessein, & aussi pour reduire la creature à son premier neant, afin que la gloire de ses ouvrages en demeure à luy seul ; Ie vous ay rendu compte, Monseigneur par la precedente, des raisons de la difficulté que je trouvois à l'entreprise du voyage en Cour, qu'il vous a plû me proposer ; lesquelles de jour en jour se fortifient par les soins que l'on prend de faire des assemblées de Gentilshommes avec des Religieux, & autres qu'on croid indisposez contre moy, pour aviser aux moyens de me pousser à bout : Quel-ques-uns des Gentilshommes se servent de leur autorité pour attirer plu-sieurs de leurs vassaux, & autres de leur dependance, pour faire recevoir leurs dépositions devant des Notaires, sans autre forme de Iustice que nous sçachions, pensans par là, faire reüssir leur dessein, qui est de secoüer le joug de l'obeïssance à l'Eglise en la personne de leur Prelat, qui n'a jamais eu d'autre passion à leur égard, que celle de les tirer de leur mauvais estat, & de leur faciliter la voye de leur salut, les instruisant des veritez Chrestiennes, qui leur estoient fort nouvelles & étrangeres, & leur marquant leur obliga-tion d'y satisfaire. Ainsi, Monseigneur, j'oserois dire à leur égard en cette occasion, comme S. Paul, que je suis devenu leur ennemy, en leur disant la verité, & souhaite comme luy, quoy que dans un degré de zele & de charité, exremément éloigné de lasienne, d'estre anatheme sinon de IESUS-CHRIST, au moins de mon Eglise, dont il est le premier & le principal Espoux, pour satisfaire leur desir, si je croyois pouvoir par ce moyen contribuer plus efficacement à leur veritable conversion, j'ay crû, Monseigneur, devoir ainsi verser mon cœur dedans le vôtre, par cette effusion de sentimens, afin que vous puissiez mieux connoistre ma disposition interieure en cette affaire & là sincerité de mes intentions, & vous induire à me faire autant de part à vos prieres, comme en l'honneur de vostre affection, pour obtenir de la bonté de Dieu, la grace de correspondre fidelement à ses saintes volontez sur moy dans ces rencontres. Ie suis enfin, avec plus de respect, de cordialité, & de soûmission que jamais,

MONSEIGNEVR,

A Alet ce 26. Iuillet 1663.

Vostre humble & tres obeïssant Serviteur & Confrere, NICOLAS E. *d'Alet.*

PLAINTES CONTRE M. L'EVESQVE D'ALET.

Ceux qui ont envoyé ce memoire prouveront les faits qu'ils alleguent par actes & témoins, quand il plaira à sa Majesté leur nommer des Commissaires pour informer.

PLAINTE PREMIERE.

» M. l'Evesque d'Alet Presche, & fait Prescher dans son Diocese que
» les Confessions de ses Diocesains, faites hors du Diocese, sans sa
» permission où celle de leur Curé, sont nulles. Le sujet du procés qu'il a pre-
» sentement contre les Peres Capucins de Chalabre, du Diocese de Mirepoix,
» vient de ce que le Gardien de ce Convent refusa de signer cette proposition;
» de la vient que ceux qui ont esté absens du Diocese pendant quelque temps,
» sont obligez de refaire toutes les Confessions qu'ils ont faites hors du Dio-
» cese, & s'ils le refusent, ils sont interdits, privez de l'usage des Sacremens
» & de l'entrée de l'Eglise. Il y a un grand nombre de personnes dans le Dio-
» se qui n'entrent point dans l'Eglise, & qui ne Communient point à Pasques
» pour ce sujet. Le Sieur de la Palme, le Chevalier de Sourniasont de ce nom-
» bre. Et Madame de Coustaussa s'estant confessée au Prieur des Augustins
» de Caudies, fut obligée à l'heure de la mort de refaire sa Confession, pour
» pouvoir recevoir le saint Viatique.

Response

RESPONSE POVR M.. L'EVESQVE DALET.

*Quant à l'offre qu'on fait de prouver par actes & par tef-
moins que tout ce qu'on avance contre M. d'Alet est veritable, on soûtient au contraire, qu'on ne sçauroit prouver
par tesmoins non suspects, ny par aucun acte veritable &
legitime, aucun article de tous ceux que l'on allegue contre
luy.*

IL est vray que M. l'Evesque d'Alet enseigne & fait enseigner, que les
Confessions faites hors de son Diocese par ses Diocesains, qui vont ex-
pres les faire ailleurs, pour éviter la discipline du Diocese, pour se dispenser
des veritables regles de conscience, & pour frauder le devoir qu'ils sont
obligez de rendre à leurs Pasteurs legitimes, sont illicites & mesmes invalides, estant faites contre la defense a des Confesseurs qui ne sont pas approuvez de luy, ces personnes se trompant elles mesmes, & trahissans leur
conscience selon l'experience journaliere qu'il en a depuis qu'il est en charge, c'est pourquoy on les oblige à recommencer leurs Confessions a cause
de leur nullité.

Mais il n'est pas vray que M. d'Alet ait declaré les Confessions de ceux
qui se trouvent de bonne foy hors du Diocese, pour des voyages & des affaires qu'ils peuvent avoir ailleurs, invalides : sçachant que c'est l'usage
universel, confirmé par le consentement de tous les Evesques pour la com-
modité publique ; Et il n'a jamais obligé ces personnes, quand elles ont esté
de retour dans le Diocese, de refaire ces Confessions qu'elles avoient ainsi
faites ailleurs, les ayans toûjours crû valides.

Il est vray que les Capucins de Chalabre, du Dioceze de Mirepoix, estant
venus demander à M. d'Alet, il y environ deux ans, la permission de continuer leurs questes dans son Dioceze, il les avertit qu'il avoit sceu que nonobstant les defenses portées par ses Ordonnances, de s'aller confesser hors
de son Diocese pour les raisons susdites, ils recevoient ses Diocesains à Con-
fesse, bien qu'ils fussent pleinement informez de cette defense, & qu'ils n'i-
gnorassent point que quelques unes de ces personnes avoient esté refusez de
leur Curé, pour des scandales publics qui duroient encor, & que l'un d'entr'eux estoit interdit ; & que le Pape s'estant declaré sur cet article, de la necessité de l'approbation des ordinaires, à l'égard des Reguliers, il ne pouvoit
pas leur accorder la queste, qu'ils ne promissent l'execution de ce qui est
contenu dans le Bref que sa Sainteté a adressé à M. l'Evesque d'Angers, sur
les differens qu'il avoit avec les Reguliers de son Diocese, puis qu'ils
estoient dans l'usage de le violer si ouvertement.

Mais il n'est pas vray que le procez soit intenté sur le sujet du refus de la
signature de ce Bref, mais bien du refus que M. d'Alet leur a fait de leur
permettre de quester, lequel estoit fondé non seulement, sur ce qu'ils n'a-

voient pas voulu promettre l'execution de ce Bref , mais encore de cè qu'ils
continuoient de décrier fa doctrine & fa conduite,& follicitoient publiquement fes Diocefains, nonobftant fes defenfes , de venir fe confeſſer à eux,
promettant de receuoir tous ceux qui fe prefenteroient, outre qu'il ne
croyoit pas pouvoir eftre obligé de donner permiſſion de quefter à des Religieux qui ne font pas de fon Diocefe ; ceux qui en font , & quî y font établis depuis vn long-temps , pouvant à peine y fubfifter, à caufe de la tres-
grande pauvreté des peuples.

Il fe peut bien faire que les Confeſſeurs, fuivans les regles de doctrine,
qui leur ont efté enfeignée par M. d'Alet fur cette matiere, ont creu devoir
faire recommencer les Confeſſions de ces perfonnes, à raifon de leur inva-
lidité: mais il n'eft pas vray qu'il y en ait aucun d'interdit à cette occafien,&
on n'a pas mefme connoiſſance qu'il y en ait qui ayent efté refufez aux Sacremens pour ce feul fujet ; Quant au Sieur de la Palme , il n'eft pas vray qu'il
ait efté refufé pour ne vouloir pas refaire fa confeſſion , mais bien pour eftre
à fcandale public dans le lieu de fa demeure ; ce qu'ayant luy mefme depuis
reconnû , il a reparé volontairement le fcandale public qu'il auoit donné par
une fatisfaction publique . & a efté receu aux Sacremens.

Quant au Sieur Chevalier de Sournia , il eft vray qu'il a efté refufé aux
facremens, pour plufieurs fcandales connus dans tout le Diocefe,aufquels il
a toûjours refufé de remedier , & depuis peu de jours,il a efté convaincu , &
condamné par Arreft du Parlement de Thoulouſe pour l'un d'iceux.

Pour la Dame de Couftanſſa, on a apris qu'il y eût un different entre fon
Curé & le Prieur des Auguftins de Caudies , fur ce que ce Prieur s'eftoit in-
geré de l'ouyr de Confeſſion, dans la maladie de laquelle elle mourut , fans
en avoir donné aucune connoiſſance au Curé , lequel de fon mouvement, &
à l'infceu de M. d'Alet , refufa de donner à cette Dame le Viatique , jufqu'à
ce qu'elle fe fuft Confeſſée à luy ; & le tout fe paſſa , fans que M. d'Alet en
eût aucune participation , & fans que perfonne luy en ait jamais porté
plainte.

PLAINTE II.

» IL permet, & mefme il approuve qu'on decouvre les pechez fecrets d'une
» femme à fon mary ; qu'on publie des pechez occultes, nommant les per-
» fonnes en prefence de tout le peuple , & faifant faire des penitences publi-
» que , auſſi bien aux femmes comme aux hommes,pour des crimes fecrets. Il
» envoya luy mefme fon Viguier à un medecin ,...., pour luy donner
» avis que fa femme mal-verfoit avec un Gentilhomme, & pour luy declarer
» qu'il le priveroit des Sacremens, s'il foûfroit que ce Gentil-homme entraft
» plus dans fa maifon ; ce Medecin fut fi furpris de cette nouvelle, qu'il en fut
» malade à l'extremité. Le Vicaire de Sournia, nommé Seneferque, difant un
» Dimanche la Meſſe Parroiſſiale, fe tourna vers le peuple apres avoir dit l'E-
» vangile, & dit aux Magiftrats qu'il ne pouvoit achever la Meſſe, s'ils ne
» chaſſoient de l'Eglife une femme mariée qu'il nomma,& deux hommes qu'il
» nomma de mefme,parce qu'ils avoient couché avec elle. Le mary ayant ouy
» ce que le Vicaire dit,l'attendit apres la Meſſe pour le tuër , & fe retira dans fa

maiſon pour tuër ſa femme:mais il en fut empeſché, & cette femme s'eſtant «
retirée au Parlement de Thoulouſe pour demander reparation d'honneur; «
M. d'Alet, au lieu de punir ce Vicaire, obligea cette femme de renoncer au «
procez,ſans recevoir aucune reparation d'honneur. La Damoiſelle de ... «
... mariée, eſt interdite de l'Egliſe, pour avoir refuſé de faire penitence «
ce publique à la porte de l'Egliſe, parce qu'on l'avoit ſoubçonnée d'avoir eu «
un mauvais commerce avec un ...... ſon pere & ſa mere ſont pri- «
vez des Sacremens , pour n'avoir pas voulu l'obliger à faire cette peni- «
tence.   «

RESPONSE.

IL n'eſt pas vray que M. d'Alet permette & approuve que l'on découvre
les pechez ſecrets d'une femme a ſon mary, ny qu'on publie des pechez
occultes en preſence de tout le peuple, ny qu'il ſouffre qu'on nomme les
perſonnes; moins encore qu'il face faire des penitences publiques à qui que
ce ſoit pour des pechez ſecrets.

Il eſt vray que le Viguier d'Alet,Chef de la Iuſtice de ..... qui eſt de la
Temporalité de l'Eveſché dudit Alet , allant ...... pour l'exercice de
ſa Charge, avertit ſecretement ce Medecin, qu'il empeſchât la frequen-
tation d'un jeune homme de la Ville dans ſa maiſon, dont tout le monde
eſtoit ſcandaliſé ; d'autant p'us, que ce Medecin ayant déja eſté averty par
diverſes perſonnes, & par M. d'Alet meſme,il n'y avoit pas remedié, ſans
pourtant que ledit Sieur Viguier luy ait dit qu'il y eût de la malverſation, &
il n'eſt pas vray qu'il devint malade à cette occaſion.

Quant au Vicaire de Sournia, nommé Seneſerque,qui eſt mort depuis 3.
ans ou environ; on n'a eu aucune connoiſſance du fait poſé dans le memoire,
que par l'allegation qui y en eſt faite;& il n'y a pas d'apparence qu'eſtant un
homme vertueux & diſcret, il en ait uſé de la maniere exprimée dans cet article ce qui auroit merité une punition exemplaire.

Chacun ſçait dans le Dioceſe les raiſons de la conduite qu'on a gardée cy.
devant avec le Damoiſelle de .... il n'eſt pas vray neanmoins, qu'on
l'ait jamais voulu obliger de faire penitence à la porte de l'Egliſe, ny par
conſequent, qu'on ait refuſé ſon pere & ſa mere aux Sacremens , pour ne
l'avoir pas obligée à faire cette penitence publique, quoy qu'il ſoit vray
qu'ayant eſté interdite, auſſi bien que ſon pere & ſa mere, dans le cours de
la viſite, avec quelques autres de la ville, pour n'avoir pas fait leur devoir Paſchal ; on a demandé d'eux, auſſi bien que des autres, pour eſtre
abſous de cette cenſure, qu'ils agreaſſent que le Preſtre qui les recevroit à
l'Egliſe teſmoignât de leur part à tout le peuple, le regret qu'ils avoient
d'avoir donné mauvaiſe édification par leur deſobeyſſance à l'Egliſe, & la
promeſſe qu'ils faiſoient d'eſtre à l'avenir plus ſoûmis à ſes ordres.

PLAINTE   III.

CEux qui plaident contre luy, qui appellent de ſes Ordonnances & les «
font caſſer, ou qui ont des procez contre des perſonnes qu'il appuye, «
ſont privez des Sacremens & de l'entrée de l'Egliſe,s'ils ne ſe deſiſtent & ne «

,, se departent des Sentences ou des Arrests qu'ils ont obtenus. Monsieur de
,, Vila de Combesourde, ayant fait casser une de ses Ordonnances par le Me-
,, tropolitain, est privé des Sacremens, & interdit de l'entrée de l'Eglise, s'il
,, ne se depart de la Sentence qu'il a obtenuë. Vn nommé Molins de Caudies
,, a esté privé des Sacremens, pour avoir obtenu des Arrests de la Cour des
,, Aydes contre des Officiers de M. d'Alet, jusques à ce qu'il se soit departy de
,, ces Arrests. Meltre de Quilhan, ayant fait condamner à mort par defaut le
,, nommé Siau, fils d'un domestique de M. d'Alet, qui l'avoit excedé griéve-
,, ment faisant la recepte des deniers Royaux, a esté privé des Sacremens,
,, jusques à ce qu'il se soit départy de ses Arrests. Le Curé de S. Felix, ayant
,, obtenu au Seneschal de Foix la provisionnelle de son Benefice, fut interdit
,, & obligé de se departir de cette Sentence.

RESPONSE.

IL n'est pas vray que ceux qui plaident contre M. d'Alet, qui appellent de
ses Ordonnances & les font casser, ou qui ont des procez contre des personnes qu'il apuye, &c. soient privez des Sacremens & de l'entrée de l'E-
glise s'ils ne se desistent, & ne se departent des Sentences & des Arrests
qu'ils ont obtenu; Car il laisse aux Confesseurs à prendre garde si leurs penitens plaident contre leurs consciences, ou avec un injustice manifeste, ou
s'il y a quelque notable inimitié entre les parties; auquel cas on ne doit pas
trouver mauvais si le Confesseur differe l'absolution à ces personnes, jusqu'à
ce qu'elles ayent levé ces sortes d'empeschemens, ce qui ne s'observe pas
seulement dans les affaires qui regardent sa personne ou son ministere, mais
encor dans toutes les autres, soit civiles, soit criminelles, les regles de l'E-
uangile & de l'Eglise les obligeans en cette pratique.

Quant au Sieur du Vila de Combesourde, quoy qu'il ait eû depuis long-
temps plusieurs affaires pour raison de la discipline, & qu'il ait fait plusieurs
entreprises sur l'autorité de l'Eglise, comme d'enterrer des morts sans Prestres, & sans aucune ceremonie Ecclesiastique, dans une Chapelle qui
estoit interdite, & qu'il n'ait point voulu se reconnoistre jusqu'à present, &
satisfaire à cette injure; le Vicaire de sa Parroisse l'ayant interdit, sans aucun
ordre sepcial de M. d'Alet; & en vertu du Canon (*omnis utriusque sexus*)
pour n'avoir pas fait son devoir Paschal; il n'en porta pas plûtost la plainte
à M. d'Alet, qu'ayant incontinent examiné cette affaire & ouy le Vicaire,
il declara cet interdit laché contre les formes, & bien loin d'avoir defendu
aux Confesseurs de le receuoir aux Sacremens, il luy en donna pour lors
deux circonuoisins autres que son Vicaire, lesquels il agrea.

Pour Molins, il est vray qu'il a esté declaré interdit: mais non pas pour
avoir obtenu des Arrests & des jugemens en Iustice, contre les Officiers de
M. d'Alet: mais parce qu'il n'avoit pas satisfait à son devoir Paschal, à cause
des inimitiez dans lesquelles il paroit encor perseverer, quelque soin qu'on
ait pris de le vouloir pacifier avec ses parties, passant dans tout le Diocese, au
jugement mesme des Gentils-hommes, pour un insigne chicaneur.

Quant au Sieur Mestre de Quilhan, il est si éloigné de la verité, qu'il ait
esté privé des Sacremens pour l'obliger à se desister de ses Arrests; qu'il est

ſtoire que ſans avoir renoncé à ſes pourſuittes, & aux avantages de Iuſtice qu'il avoit contre le Sieur Siau, il a eſté receu, & qu'ayant remis à M. d'Alet il y a quelques années les affaires, qu'il avoit avec ledit Sieur Siau; M. d'Alet, donna Sentence en ſa faveur, à laquelle le Sieur Siau n'a pas voulu acquieſcer penſant eſtre grevé.

Pour le Curé de S. Felix, il n'eſt pas vray qu'il ait eſté interdit, pour n'a-voir pas voulu renoncer au jugement rendu en ſa faveur au Seneſchal de Foix, puis qu'il n'y en a obtenu aucun; & que depuis ſa priſe de poſſeſſion, il a joüy paiſiblement de ce Benefice pendant ſix ans, & en a fait les fon-ctions, & ſi depuis, il eſt tombé dans les Cenſures; c'eſt pour avoir celebré dans une Chapelle interdite de ſa Parroiſſe, dont il avoit luy meſme publié l'interdit, enſuite dequoy il a eſté declaré encor excommunié, pour avoir battu un Preſtre faiſant ſes fonctions.

PLAINTE IV.

CEux qui ont obtenu des Benefices par reſignation en Cour de Rome, ou qui les reſignent contre la volonté de M. d'Alet, ſont interdits & privez des Sacremens, meſme à l'heure de la mort, s'ils ne ſe demettent du Benefice entre ſes mains, & ne revoquent la reſignation : Le Sieur Ba-cholet Chanoine de S. Paul, eſtant grievement malade reſigna ſon Benefi-ce, & Monſieur Ragot vint de la part de M. d'Alet, luy declarer qu'il eſtoit damné ſans remiſſion, & qu'on ne luy donneroit point le Viatique, s'il ne revoquoit la reſignation qu'il avoit faite, & il fut obligé de le faire. Papi-laudy de la ville d'Alet, a eſté interdit, pour avoir accepté la reſignation d'un Benefice, & n'a eſté admis aux Sacremens, qu'après avoir fait demiſ-ſion dudit Benefice. La Rade Theologal de S. Paul, pour avoir accepté & gardé ſon Benefice, contre la volonté de M. d'Alet, eſt interdit depuis pluſieurs années. Rouyre, Prebandier d'Alet, a eſté privé des Sacremens pour le meſme ſujet, & a eſté obligé de faire la demiſſion de ſon Benefice.

RESPONSE.

IL n'eſt pas vray, que ceux qui ont obtenu des Benefices par reſignation, où qui les reſignent contre la volonté de M. d'Alet, ſoient interdits & privez des Sacremens, s'ils ne ſe demettent entre ſes mains de ces Benefi-ces, ou ne revoquent la reſignation, & moins encore à l'heure de la mort. Il eſt bien vray que quand ils preſentent à M. d'Alet les Proviſions qu'ils en ont obtenu en Cour de Rome, il en examine le contenu, pour voir s'ils ont expoſé la verité au Pape, & ſi ces perſonnes ont les conditions requiſes par l'Egliſe, pour tenir les Benefices dont ils ſe ſont fait pourvoir, où ſi les trai-tez qu'ils ont fait avec le reſignant, compermutant, ou autres, ſont Cano-niques, & s'il y reconnoiſt une defectuoſité eſſentielle ou fort notable, il leur donne ſon refus par écrit, & y allegue les raiſons d'iceluy.

Pour le Sieur Bacholet Chanoine de S. Paul, il eſt vray que le Sieur Vin-cent Ragot Promoteur de l'Eveſché d'Alet ſe trouvant à S. Paul lors de ſa maladie, ſur les plaintes qui luy furent faites par le Vicaire de la Parroiſ-ſe du lieu, & Chanoine de la meſme Egliſe que ledit Sieur Bacholet : Que ſes parens ne vouloient pas ſouffrir que ledit Sieur Vicaire eût la liberté de le viſiter, & s'acquitter de toutes ſes fonctions à ſon égard dans l'eſtat où il ſe trouvoit reduit; il pria le Iuge & les Conſuls de l'accompagner, & de luy donner main-forte, pour obliger les parens du malade de donner toute la liberté audit Sieur Vicaire d'entrer dans ſa maiſon, & de luy continuer ſes aſſiſtances ſpirituelles, & comme il apprit qu'on luy avoit fait reſigner ſon Benefice à un Eccleſiaſtique qui n'en eſtoit pas digne, il luy remontra ſon obligation de conſcience de revoquer cette reſignation, ce qui ne luy fut conſeillé par aucun autre intereſt que celuy de ſa conſcience, & une marque evidente, qu'on n'avoit autre but dans tout ce procedé, que de pourvoir au ſalut dudit Sieur Bacholet, & le tirer de la ſujetion de ſes parens; c'eſt que depuis, eſtant retourné en ſanté, il en a fait un remerciement particulier; & il n'eſt pas vray qu'on l'ait menacé de luy refuſer le Viatique, puis qu'il l'avoit déja receu.

Quant au Sieur Papilaudy, il n'eſt pas vray qu'il ait eſté interdit: mais bien que s'eſtant preſenté à M. d'Alet avec les Proviſions d'une Prebande, il luy en refuſa le *Viſa*, parce qu'il n'avoit pas les qualitez requiſes pour poſſeder & ſervir ce Benefice, eſtant hômme veuf, Marchand de ſa profeſſion, chargé d'enfans, & qui ne ſçavoit point du tout de Latin, pour n'avoir jamais eſtudié, ce qu'ayant luy meſme reconnu depuis il s'eſt ſoûmis trés agreablement.

Quant au Sieur la Rade, il eſt vray que M. d'Alet n'a pû approuver ſa promotion à la Theologale, quoy qu'il ait eſtudié en Theologie, n'ayant pas d'ailleurs les qualitez de jugement & d'aptitude pour inſtruire publiquement, non ſeulement le peuple, mais encore un Chapitre nombreux comme celuy de ſaint Paul, ce qui a paru dans quelques Predications qu'il fit audit ſaint Paul, & au lieu de la Graſſe, deſquelles il ne receut que de la confuſion & du mépris, de ſon Auditoire; outre qu'il eſtoit parvenu à ce Benefice, par des voyes contraires aux ſaints Canons; & il a eſté interdit pour s'eſtre trouvé dans le cours de la viſite, au nombre de ceux qui n'avoient pas ſatisfait au devoir Paſchal.

Quant à Rouyre, il eſt vray que ſon Confeſſeur ayant ſceu qu'il avoit pris un Benefice du bas-Cœur de la Cathedrale d'Alet, valant au plus Cinquante eſcus de revenu, qui avoit appartenu audit la Rade, & ſur lequel il s'eſtoit reſervé Cinquante livres de penſion, bien que ledit Rouyre n'eût pas de quoy vivre d'ailleurs; conſulta M. d'Alet, pour ſçavoir s'il ne devoit pas remettre ce Benefice, ſi on ne luy vouloit point quitter cette penſion, lequel répondit à ce Confeſſeur, qu'il eſtoit d'avis que ledit Rouyre n'avoit pû conſentir à l'établiſſement de cette penſion, & qu'il eſtoit obligé de quitter ce Benefice, puis que ce traité n'eſtoit pas ſelon l'eſprit & l'intention de l'Egliſe, qui ne permet pas qu'on charge de penſions les Benefices, ſi ce qui reſte, la penſion payée, n'eſt ſuffiſant pour la ſubſiſtance & l'entretien du Titulaire, à quoy ledit Rouyre ayant acquieſcé, convaincu de cette obligation, M. d'Alet luy en a depuis procuré un autre de pareille nature & revenu, non chargée de penſion.

PLAINTE V.

COmme on ne reconnoiſt point la Iuriſdiction du Pape dans les reſi- «
gnations des Benefices, ny dans les autres choſes qui ſont contre la vo- «
lonté de M. d'Alet; on ne defere pas non plus à l'autorité du Roy dans «
l'exercice de la Iuſtice : Il n'y a point de Sergent, de Notaire , ny de témoin «
dans le Dioceſe qui voulut donner un Exploit , faire un acte , ou depoſer «
contre la volonté de M. d'Alet, de peur d'encourir quelques Cenſures, & «
d'eſtre interdit de l'entrée de l'Egliſe, & on eſt obligé en ces occaſions de «
faire venir à grands frais des Sergens , des Notaires, & des témoins des «
Dioceſes voiſins. Quelques Arreſts qu'on obtienne contre luy & contre ſes «
Ordonnances, on n'y defere point : ayant defendu aux Seigneurs de met- «
tre des Lithres dans l'Egliſe du lieu dont ils ſont Seigneurs , pour le deüil de «
leurs peres ou femmes, s'ils le font après avoir obtenu des Arreſts du Parle- «
ment qui le leur permet, l'Egliſe eſt auſſi-toſt interdite ſans avoir égard à ces «
Arreſts. Le Baron de Raſiguieres ayant eſté excommunié contre les formes, «
ſur de faux rapports , & ſur des témoignages extorquez en Confeſſion, «
le Parlement de Toulouſe caſſa cette Sentence d'excommunication comme «
abuſive , Monſieur d'Alet ny ſes Preſtres n'ont point acquieſcé à cét Ar- «
reſt, ny voulu recevoir ce Seigneur à l'Egliſe, dont on a exclu. Madame ſa «
Femme, pour n'avoir pas voulu dépoſer contre ſon mary , ny ſe ſeparer d'a- «
vec luy, l'un & l'autre ont eſté obligez d'abandonner le Dioceſe , & ſe ſont «
retirez à Perpignan. Pluſieurs autres ont fait de meſme , voyant que l'au- «
torité Eccleſiaſtique ny ſeculiere n'a point de lieu dans ce Dioceſe. «

REPONSE.

IL n'eſt pas vray que Monſieur d'Alet ne reconnoiſſe point la Iuriſdiction
du Pape dans les reſignations des Benefices , & dans les autres choſes
qui ſont contre ſa volonté ; car il a toûjours receu, avec un tres-profond
reſpect & une tres-parfaite obeïſſce,toutes les ſignatures & récrits qui luy
ont eſté adreſſez, & les a toûjours executé fidellement & ponctuellement ,
lors qu'il n'a pas reconnu qu'on euſt expoſé faux à ſa Sainteté , qui renvoye
aux Eveſqûes les récrits , pour examiner ſi les perſonnes qui les ont obte-
nuës ſont capables, & ſi elles luy ont expoſé la verité, ce qui ne ſe rencon-
tre pas aſſés ſouvent ; De ſorte que M. d'Alet a creu entrer dans l'eſprit &
dans l'intention de ſa Sainteté, quand il a donné des refus.

Il n'eſt pas vray non plus , qu'il ne defere pas à l'autorité du Roy dans
l'exercice de la Iuſtice, & qu'il n'y ait point de Sergent, de Notaire, de
Témoin dans le Dioceſe, qui vueille donner un Exploit, faire une acte, où
depoſer contre ſa volonté, de peur d'encourir quelques cenſures , & d'eſtre
interdit de l'entrée de l'Egliſe ; & on ſoutient que les auteurs de ces accuſa-
tions ne peuvent marquer un ſeul exemple diſtinct, & poſitif, par lequel
ils puiſſent faire voir que Monſieur d'Alet a empeſché directement ou indi-
rectement l'execution de quelque acte de Iuſtice à ſon égard , moins encor
qu'il ait vſé d'aucune cenſure, comme d'interdit ou autre, contre aucun
Sergent , Notaire, Témoin, & autres perſonnes ſemblables, comme au

contraire, il pourroit faire voir par beaucoup d'actes qui luy ont esté faits, & signifiez par des Notaires & Officiers de Iustice, avec témoins de son Diocese, qu'il leurs a toûjours laissé l'entiere liberté, & facilité de luy en faire & notifier quand il leur a plû, quoy que plusieurs fussent manifestement injustes, s'estant contenté de dire fort doucement à quelques uns, fort peu en nombre & assez rarement, qu'ils prissent garde a la participation dans laquelle ils entroient de l'injustice qui luy estoit faite par ces actes, & ce pour la descharge de sa conscience & de la leur, comme leur Pasteur.

Il n'est pas vray, non plus qu'il n'ait pas deferé aux jugemens & Arrests du Parlement de Toulouse, ou autre Iustice donnez contre sa personne, ou contre ses ordonnances, se contentant, en cas d'injustice évidente, de se pourvoir selon les formes par tout où il appartient; Et pour l'exemple qu'on allégue des Lithres, Monsieur d'Alet ne sçait point qu'on ait obtenu, ny qu'on luy ait fait signifier aucun Arrest sur ce sujet, & il n'est pas vray qu'aucune Eglise ait esté interdite à cette occasion; & pour sçavoir le reglement qu'il a fait en cette matiere, on en rapportera icy les propres termes, tirez de la 43. de ses Ordonnances Synodales, où l'on trouvera qu'il a suivy les ordres & l'esprit de l'Eglise dans cette disposition, ensuivant celle du premier Concile de Milan tenu par saint Charles.

Et pour ce qui est des ceintures noires & armoiries, parce que cela est contraire à la reverence qu'on doit à la Maison de Dieu, & semble estre une espece de servitude & de dépendance qu'on luy veut imposer, & que d'ailleurs ces marques de deüil repugnent à la joye & à la solemnité des grandes Festes, nous défendons d'y peindre à l'avenir aucunes ceintures & armoiries pour les Seigneurs deffunts, comme aussi de laisser dans l'Eglise la Chappelle ardente, ny representation mortuaire, sinon aux jours des Funerailles & Services solemnels qui se feront pour le repos des ames.

Il est vray que Monsieur d'Alet a excommunié le sieur de Rasiguieres publiquement, & nommément dans la Parroisse de son lieu, apres l'avoir pendant plusieurs années averty & fait avertir charitablement, de se corriger des scandales qu'il continuoit de donner en matiere d'impureté, non seulement dans tous les lieux dont il est Seigneur, mais encor dans plusieurs autres du Diocese, ce que n'ayant voulu faire : mais ayant toûjours perseveré dans ses desordres, selon la connoissance que Monsieur d'Alet en a pris dans le cours de ses visites, & par l'aveu que ledit sieur de Rasiguieres luy en a fait luy mesme, aussi bien que plusieurs de ses plus proches qui luy en ont porté de grandes plaintes, & l'ont souvent prié instamment de le vouloir presser de s'amender ; il a crû enfin, qu'il estoit de son obligation pour remedier à de si grands scandales, de traiter cette affaire juridiquement, & apres y avoir gardé toutes les formes Ecclesiastiques, de proceder luy-mesme à la Sentence d'Excommunication. Il est vray qu'au lieu de se reconnoistre, il se pourveut au Parlement de Toulouse, ou Monsieur d'Alet ne crût pas devoir répondre, cette matiere estant toute Ecclesiastique, si bien qu'il luy fut facile d'obtenir un Arrest par defaut, qui ne fut neanmoins donné que le mesme jour que l'on fit signifier l'Arrest d'évocation que Monsieur d'Alet avoit obtenu; & ainsi demeurant dans son estat d'excommunication.

communication; & perseverant dans les mesmes scandales sur tout és lieux
dont il est Seigneur, se prevalant de l'autorité qu'il a pour surprendre & de_
cevoir plusieurs filles & femmes, par des voyes, tantost basses & honteu-
ses, & tantost d'autorité, selon qu'il croit qu'elles seront plus efficaces.
M. d'Alet a pensé qu'il estoit de son devoir de continuer toûjours à le traiter
comme excommunié, disposé qu'il est, quand il luy aura donné des marques
de vraye repentance, de l'accueillir avec toute sorte de tendresse & de charité paternelle & pastorale.

Quant à Madame sa Femme, il n'est nullement vray qu'elle ait esté interdite de l'entrée de l'Eglise, ny qu'on l'ait voulu obliger à deposer contre
son mary, & à se separer de luy. Monsieur d'Alet n'ignorant pas les regles
de l'Eglise, qui prescrivent la conduite qui doit estre gardée en ces rencontres. Et il est notoire que ledit sieur de Rasiguieres reside actuellement avec
sa famille dans le Diocese en l'une de ses terres.

Pour ce qu'on allegue que plusieurs autres se sont retirez du Diocese,
parce qu'ils croyoient que l'autorité ecclesiastique ny seculiere n'y avoit
point de lieu ; pour y répondre, il faudroit sçavoir quelles sont ces personnes en particulier, parce qu'on n'en connoist point qui en soient absents
pour ce sujet.

PLAINTE. VI.

LEs refus d'absolution, les interdits, & les deffenses d'entrer dans «
l'Eglise sont si frequentes pour des sujets semblables à ceux qu'on a al- «
leguez, qu'il ne reste dans tout le Diocese que deux Gentilhommes, quoy «
qu'il y ait bon nombre de Noblesse, qui ne soient privés des Sacrements, «
& qui puissent entrer dans l'Eglise, & des autres on fait estat qu'il y a «
plus de huit mille personnes dans le Diocese qui n'est pas grand, qui ne con- «
fessent, ny communient, ny n'assistent point à la Messe les Festes & les Di- «
manches depuis plusieurs années. «

RESPONSE.

QVant au delay ou refus d'absolution, il est vray que Monsieur d'Alet
recommande à tous les Confesseurs de son Diocese la soigneuse pratique des regles de l'Eglise dans la dispensation des Sacremens, & specialement de celuy de la penitence; pour n'en profaner pas l'usage, qui est de ne
point absoudre. 1. Tous ceux qui sont dans l'ignorance des principaux
Mysteres de nostre Foy, & que l'on reconnoit que cette ignorance est un
effet de leur negligence, & manque d'affection pour ce qui regarde leur
salut ; ou que ce sont des personnes si grossieres, que l'on ne peut pas les
instruire sur le champ. 2. Tous ceux qui ont pris ou retiennent injuste-
ment le bien d'autruy, & ne le veulent pas restituer selon leur pouvoir, en
tout ou en partie, ou qui ayant fait quelque tort au prochain en son honneur refusent de le reparer. 3. Ceux qui ont quelque inimitié & ne veulent pas se reconcilier avec leurs ennemis. 4. Ceux qui sont dans l'occasion prochaine de quelque peché, par exemple d'impureté, ayant chez
eux ou en leur disposition, la personne avec laquelle ils ont eu un commer-

ce criminel, & ne la veulent pas congedier : ou bien quand ils se trouvent dans une condition dangereuse pour eux, dans laquelle eu égard à leurs dispositions, & à l'experience qu'on a de leur vie passée ; il leur est moralement impossible de s'empescher d'offencer Dieu mortellement ; & qu'ils ne la veulent pas quitter. 5. Ceux qui sont dans quelque habitude de peché mortel, & qui ne s'en corrigent point, & ne donnent aucune marque de leur veritable amendement, puis que c'est la constante doctrine de l'Eglise, & dont la pratique a esté soigneusement recommandée par Saint Charles dans les avis qu'il a dressez pour les Confesseurs de son Diocese ; & il est à remarquer que ce Saint veut qu'on estende encor ces refus ou delais de l'absolution à beaucoup de moindres cas. Or Monsieur d'Alet s'est contenté de proposer & recommander ces regles aux Confesseurs dans les assemblées des Curés & Conferences Ecclesiastiques de son Diocese, ou par quelques Lettres Pastorales, sans leur determiner pourtant l'application au cas d'aucun particulier, pour leur laisser l'entiere liberté dans cette fonction, que si peut-estre il se trouvoit que depuis vingt-trois ans de son administration, quelques-uns de ses Officiers eussent donné billet portant deffense, en son nom ou autrement, à quelques Curez ou Vicaires de recevoir aux Sacremens quelques uns de leurs Paroissiens, ce n'a esté que trés-rarement, & pour des cas notoires & importans ; car sa conduite & pratique ordinaire en ces rencontres, est de se contenter de dire ses sentimens, sur les cas pour lesquels on le consulte.

Pour ce qui est des interdits, il n'est pas vray qu'ils soient si communs, ny que Monsieur d'Alet les employe pour des causes legeres, comme on avance, puis qu'il n'interdit que pour des cas specialement ordonnez par l'Eglise, ou pour d'autres qui sont si graves & si scandaleux, qu'il ne pourroit s'en dispenser sans ruiner entierement la discipline ; encor y aporte-t-il auparavant toutes les precautions & toutes les addresses de charité, dont il peut s'aviser pour reduire à leur devoir les personnes ; ce qui en rend le nombre si petit, que bien loin d'y en avoir huit mille comme on impose, il n'y en a pas vingt ou vingt-cinq de toutes sortes d'estats & conditions qui soient interdits, ou privez de l'entrée de l'Eglise, ce qui se fait toûjours dans les formes Canoniques & par écrit.

PLAINTE VII.

» L A plus grande partie des annexes sont sans service, & où l'on ne dit
» plus de Messe, ou tout au plus de quinze en quinze jours, delà arrive
» que plusieurs n'entendent pas la Messe les Dimanches & les Festes, & qu'ils
» ne sont point assistez pour le salut de l'ame pendant leurs maladies, & meu-
» rent sans Sacremens ; si on refuse de payer le disme n'ayant point de servi-
» ce, on les excommunie ; s'ils mettent en Procez l'Evesque ou le Curé pour
» ce sujet, on les prive des Sacremens ; & pour obliger les Diocesains à ne
» point plaider en ces occasions, il a obtenu une évocation generale de tou-
» tes ses affaires au Parlement de Grenoble, afin que la pauvreté ou difficulté
» du voyage les obligent à desister, & quoy qu'il ait pretexté que dans le Par-
» lement de Toulouse on avoit donné contre luy des Arrests injustes en fa-

veur de la Rade, Theologal de S. Paul ; & des Barons de Rennes & de Rafi- «
guieres, par l'autorité de Meſſieurs de Frefals & Cironis, Conſeillers dans «
ce Parlement ; Neanmoins les Arreſts que la Rade a obtenu au Conſeil «
contre M. d'Alet, font voir la Iuſtice de ceux qu'on avoit donné à Toulou- «
·ſe, & ces deux Seigneurs en obtiendront autant, s'ils veulent plaider au «
Conſeil. «

REPONSE.

IL eſt vray qu'il y a quelques annexes qui ſont ſans ſervice, & où on
ne dit pas la Meſſe tous les Dimanches & toutes les Feſtes chomables,
pour ne pouvoir recouvrer des Vicaires capables : mais chacun ſçait
dans le pays, & les plaignans meſmes, que M. d'Alet prend tout le ſoin qui
luy eſt poſſible pour en mettre par tout où il en eſt beſoin, ayant un Seminaire exprés pour les ayder à ſe former, quoy que le Dioceſe ſoit fort ſterile
en ſujets à raiſon de la tres-grande pauvreté, qui empeſche la plus grande
part des perſonnes de faire eſtudier leurs enfans, & de les mettre en eſtat
d'entrer au Seminaire, bien qu'il faſſe tout ce qu'il peut pour ſuppléer à ce
manquement, par les Eſcoles qu'il s'eſſaye d'établir au moins dans les principaux lieux du Dioceſe, formant à cét effet des Regens au Seminaire pour
les inſtruire, non ſeulemement à lire & écrire, mais encor à la Langue La-
tine, n'épargnant pas la dépenſe neceſſaire pour ce ſujet, meſme à l'égard
des Eſtrangers, quand on les juge propres pour rendre ſervice au Dioceſe.
Et cette rareté de Preſtres pour le ſervice des annexes, ne ſe trouve pas ſeulement dans le Dioceſe d'Alet ; mais encor dans tous les autres circonvoi-
ſins, qui ſont bien plus commodes à ſervir, eſtant ſituez dans un beau &
bon pays, au lieu que tout le monde ſçait qu'une grande partie de celuy
d'Alet eſt au plus haut des Pyrenées, d'où l'inclemence de l'air & l'aſpreté
des montagnes, éloigne & rebute les Eſtrangers.

Or il eſt à remarquer que les lieux deſtituez de la reſidence d'un Vicaire,
ſont en petit nombre, & compoſé de fort peu d'habitans, & que la pluſpart de ces annexes ſont proches du Chef de Parroiſſe, où ils peuvent
commodement aſſiſter à tous les offices ; de plus, les Curez de ces lieux
ayant ordre de les viſiter en perſonne, deux fois toutes les ſemaines pour y
celebrer la Sainte Meſſe aux jours convenus, y faire la Doctrine Chreſtien-
ne, viſiter les malades, & leur rendre toutes les aſſiſtances neceſſaires ; & enfin pour s'informer de tout l'eſtat de la Parroiſſe : on ne peut pas dire que les
malades, ou autres perſonnes, ayent manqué du ſecours neceſſaire par la
faute de M. d'Alet.

Il n'eſt pas vray qu'on excommunie les perſonnes qui refuſent de payer
le diſme faute de ſervice, encor qu'on les admoneſte de s'acquiter de
ce devoir pour ne point charger leurs conſciences : ny qu'on les prive
des Sacremens, s'ils mettent en Procez l'Eveſque ou le Curé pour ce
ſujet ; veu qu'il ne s'en eſt pas meſmes encor preſenté la moindre occaſion.

Quant à l'évocation que Monſieur d'Alet a obtenu au Parlement de
Grenoble, ſi on avoit pris le ſoin de la lire, on auroit veu les cauſes qui

l'y ont obligé, puis que l'affaire des Sieurs d'Aouftencs fi publique & connuë de toute la Province, auffi bien que du Confeil; a rendu comme parties
intereffées un nombre confiderable de Confeillers du Parlement de Thou-
loufe, dans l'alliance defquels ils eftoient entrez quelques années auparavant pour en avoir la protection qu'ils croyoient neceffaire pour ne pas fuc-
comber au Procez criminel que le Diocefe d'Alet leur avoit intenté. Il n'eft
donc pas vray que Monfieur d'Alet ait pris ce pretexte pour obliger ceux
qui avoient des differens avec luy de fe defifter de leur pourfuitte pou rleur
pauvreté, & pour la difficulté du voyage.

Quant à ce que l'on prétend que l'Arreft que la Rade avoit obtenu par
deffaut au Parlement de Touloufe, eft juftifié & confirmé par un femblable
que le Confeil luy a accordé; c'eft une allegation fans fondement, puis que
cette affaire y eft encor pendante & indecife.

Et pour ce qui eft des fieurs de Rennes & de Rafiguieres, perfonne n'i-
gnore en ce païs les appuis qu'ils ont donné aux Sieurs d'Aouftencs dans la
fufdite affaire, & les fortes recommendations qu'ils y ont employées; ce qui
leur a acquis la faveur des alliez defdits fieurs Aouftencs dans toutes leurs affaires contre M. d'Alet : outre que ceux que le fieur de Rafiguieres a de fon
chef dans le Parlement, font plus que fuffifans pour fonder une évocation
fuivant les Ordonnances.

PLAINTE VIII.

" ON fe plaint dans tout le Diocefe, qu'on revele le fecret de la Confef-
" fion; & on peut prouver par diverfes perfonnes qu'on y debite ces ma-
" ximes touchant le fceau de la Confeffion. 1. Que le Curé & le Vicaire peu-
" vent & mefmes doivent découvrir les pechez d'un penitent, à l'Evefque ou
" à tel autre qu'il luy plaira deputer fans le confentement du penitent ; parce
" qu'ayant la conduite de tout le Diocefe, il a droit de fçavoir les pechez de
" tous fes Diocefains pour pourvoir à leur falut. 2. Qu'on peut fe fervir de ce
" qu'on a apris en confeffion lors qu'on refufe l'abfolution au penitent, parce
" qu'alors la Confeffion n'eft pas un facrement. 3. Que le Confeffeur peut &
" doit obliger le penitent à découvrir le complice de fon crime, & qu'on fe
" peut fervir de ce Sacremét pour obliger le penitent à dépofer en Iuftice con-
" tre le complice.

REPONSE.

IL n'eft pas vray qu'on fe plaigne dans tout le Diocefe, qu'on revele le fecret de la Confeffion, & qu'on y debite les maximes fuivantes touchant
le fceau de la Confeffion. 1. *Que le Curé & le Vicaire*, &c. Et on ne peut
affez s'étonner de la hardieffe que les auteurs de cét écrit ont pris d'impofer
à un Evefque une erreur fi groffiere, & une impieté fi execrable qui rendroit
tout à fait odieux l'ufage d'un Sacrement fi neceffaire à tous les fideles,
comme eft celuy de la Penitence ; d'autant plus que M. d'Alet a pris un
foin particulier depuis le commencement de fon adminiftration jufques à

prefent d'enfeigner & d'inculquer en toutes fortes d'occafions, tant aux Ecclefiaftiques qu'aux Laïques, l'obligation tres-étroite que contraétent les
Confeffeurs de garder inviolable le fecret de la Confeffion, non feulement
à l'égard des crimes & notables pechez, mais encor des plus legers : &
mefmes des moindres chofes qui peuvent donner en quelque maniere que
ce puiffe eftre, la connoiffance de ce qui eft declaré dans la Confeffion ; leur
rémonftrant & leur faifant aprehender les peines que l'Eglife a impofées à
tous les infraéteurs de cette loy indifpenfable : ce qui fe juftifie par les matie-
res des Conferences dónées aux Ecclefiaftiques, & par les inftruétions Chré-
tiénes que l'on en fait au peuple. 2. Il n'eft pas vray auffi que M. d'Alet debite
cette autre maxime *qu'on peut fe fervir de ce qu'on a apris en Confeffion lors
qu'on refufe l'abfolution au penitent, parce qu'alors la Confeffion n'eft pas un
Sacrement ;* car il n'a jamais penfé à établir cette opinion qu'il croit au contraire tres-fauffe, tres-impie, & de tres-pernicieufe confequence. 5. Il
n'eft non plus veritable qu'il ait jamais étably cette propofition generale,
*que le Confeffeur peut & doit obliger le penitent à découvrir le complice de fon
crime, & qu'on fe peut fervir de ce Sacrement pour obliger le penitent à depofer
en Iuftice contre le complice ;* Il eft bien vray qu'il croit que le Confeffeur
peut & doit quelques-fois obliger le penitent à découvrir & mémes à depofer en Iuftice certaines veritez, quand il reconnoift que le penitent y a d'ailleurs obligation de confcience, comme pour délivrer un innocent de vexa-
tion, pour obeyr aux Ordres de l'Eglife qui fait publier des Monitoires, &
pour decouvrir & faire ceffer des maux notables & publics, mais qu'il ne
le doit faire qu'avec beaucoup de precaution & de prudence, & lors que cette neceffité luy eft comme evidente.

ECLAIRCISSEMENT

*Sur quelques faits calomnieux par lefquels les Sieurs de
l'Eftang & Rives ont pretendu noircir
M. l'Evefque d'Alet.*

LEs calomnies que les Sieurs de l'Eftang & Rives ont ramaffées dans
un endroit de leur avertiffement rapporté cy deffus, eftant les mefmes
dans le fond que celles qui font contenuës dans les plaintes des Gentils-
hommes, la refutation que M. d'Alet a faite de ces plaintes, peut auffi
fervir de reponfe à ces calomies.

Mais parce qu'ils y ont adjufté quelques nouvelles circonftances qui
ne font pas dans ces plaintes, il ne fera pas auffi inutile d'y adjouter quelques nouveaux éclairciffemens, pour faire voir que fi la paffion de ces
Ecclefiaftiques ne peut eftre plus maligne, elle ne peut eftre auffi plus
aveugle, leurs impoftures eftant fi groffieres qu'elles ne peuvent fervir
qu'à les couvrir de confufion.

Ce qu'ils pretendent prouver dans cet endroit de leur avertiffement rapporté cy deſſus, eſt que *preſque tous les Eccleſiaſtiques, tous les Ordres, & tous les Sexes reſſentent les atteintes de l'injuſtice & de la violence de Monſieur d'Alet:* Et tous les faits qu'ils alleguent enſuitte ne tendent qu'à juſtifier cette propoſition generale. Il eſt donc utile d'examiner en détail toutes ces preuves.

PREVVE PREMIERE.

On voit, (diſent-ils,) dans le Dioceſe d'Alet depuis une longue ſuitte d'années une infinité de pauvres gens interdits des Sacremens.

REFVTATION.

On a fait voir ailleurs que ce nombre infiny ne monte qu'à 15. perſonnes interdites dans 120. Parroiſſes ou environ: & il n'y en a aucun dont la faute ne ſoit publique.

PREVVE II.

Les Confeſſeurs s'y rendent maiſtre des intereſts domeſtiques.

REFVTATION.

Il n'y a point de Confeſſeurs plus retenus en cette matiere que ceux du Dioceſe d'Alet. Mais ſi l'on appelle ſe rendre maiſtre des intereſts domeſtiques que de faire connoiſtre aux penitens l'obligation qu'ils ont de reſtituer le bien mal acquis, il eſt vray que l'on tache d'y eſtre exact, parce que l'on taſche de ſauver les ames & non pas de les tromper.

PREVVE III.

On a veu pluſieurs perſonnes eſtre condamnées à une penitence publique, paſſer pluſieurs Dimanches conſecutifs à la porte des Egliſes, preſque tout nuds en chemiſes la torche au poing.

REFVTATION.

Ces circonſtances que les Penitens ſont preſque tout nuds & la torche au poing, ſont fabuleuſes & calomnieuſes. Mais le décrit que leſdits Sieurs de l'Eſtang & Rives font en cet endroit de la Penitence publique pratiquée dans l'Egliſe plus de 1200. ans à l'égard des pechez publics, & rétablie dans le Concile de Trente ſur la demande des Ambaſſadeurs de France dont les memoires furent expreſſement chargez de procurer ce rétabliſſement, enferme une erreur injurieuſe à toute l'Egliſe, & en particulier à celle de France.

PREVVE IV.

L'on voit à tout moment Monſieur d'Alet refuſer des ſignatures de Rome.

REFVTATION.

C'eſt une pure calomnie. Il les refuſe quand on a ſurpris le Pape, & non

autrement. Ces calomniateurs devroient marquer en particulier des fignatures que ce Prelat ait refufées, afin que l'on puft juger fi c'eft à tort ou
avec raifon qu'il les a refufées

PREVVE V.

*L'on entend prefcher dans tout le Diocefe que les Confeffions faites hors du
Diocefe, mefme au temps du Iubilé, font nulles. L'on y a veu faire des defenfes
de donner l'aumofne au Peres Capucins à peine de peché mortel.*

REFVTATION.

Monfieur d'Alet a répondu exactement à ces points dans la reponfe aux
plaintes des Gentilshommes, comme on peut voir c'y-deffus.

PREVVE. VI.

*L'on y a veu les penitens eftre obligez de venir à confeffe avec un Notaire
pour prendre acte du refus des Confeffeurs, lefquels bien fouvent faifant femblant jufques à ce que les Notaires fe fuffent retirez, de vouloir confeffer ceux
qui fe prefentoient à eux, les refufoient enfuitte avec fcandale par une illufion
criminelle d'un Sacrement fi neceffaire, lors que ces mefmes Penitens n'ont pas
voulu fe foûmettre aveuglement au fentiment des Confeffeurs le plus fouvent en
des chofes purement temporelles.*

REFVTATION.

On ne fçait fi ce fait eft vray ou faux. Mais vray ou faux il eft ridicule.
Si ces Confeffeurs ont refufé, ou d'écoûter ou d'abfoudre ces Penitens
parce qu'ils ne les ont pas trouvez difpofez à fatisfaire à quelque devoir
effentiel, quel crime y a-t-il en cela ? *C'eft*, difent les Sieurs de l'Eftang
& Rives, *que ce refus eft fondé fur ce que ces Penitens ne fe vouloient pas foûmettre aveuglement au jugement de fes Confeffeurs le plus fouvent dans des
chofes temporelles.* Et quoy fi ces Penitens avoient tort & que ces Confeffeurs euffent raifon. S'ils avoient volé & qu'ils ne vouluffent pas reftituer ;
S'ils avoient fait une injuftice manifefte & qu'ils ne vouluffent pas la reparer, les Iuges eftoient ils donc obligez de fuivre le jugement des Crimiminels & non pas les Criminels celuy des Iuges ? N'eft-ce pas une chofe
honteufe qu'on ofe propofer de telles accufations qui font non feulement
calomnieufes, mais heretiques ? Car de dire comme font les Sieurs de l'Eftang & Rives, que les Confeffeurs n'ont pas droit de refufer l'abfolution
quand il s'agit d'une chofe temporelle, c'eft une manifefte herefie, puis que
c'eft dire, ou que les chofes temporelles ne font pas matiere de peché contraire à la Loy de Dieu, ce qui eft heretique, ou que ces pechez ne font
pas foûmis au jugemens des Preftres ; ce qui eft encore une herefie.

PREVVE VII.

*Leur emportement a paffé à refufer par cette mefme raifon les Sacremens à
des moribonds*

REFVTATION.

C'eſt encore une autre hereſie que de ſoûtenir qu'on ne doive jamais refuſer l'abſolution à des moribons pour des pechez qui regardent des choſes
temporelles. On eſt ſi reſervé en ce point dans le Dioceſe d'Alet que l'on
ne refuſe jamais l'abſolution pour une choſe temporelle que lors que le
peché eſt clair & manifeſte, ny aux ſains nŷ aux malades. De ſorte que les
Sieurs de l'Eſtang & Rives faiſant un crime de ce qu'on la refuſe quelque-
fois, il faut qu'ils pretendent qu'il n'eſt jamais permis de la refuſer, ce
qui eſt une hereſie.

PREVVE VIII.

*L'on voit dans le meſme Dioceſe les Agens dudit Sieur Eveſque vouloir
obliger les femmes à ſe ſeparer de leurs maris de lits, d'habitation, & d'intereſt.*

REFVTATION.

Il y a des cas où l'on peut eſtre obligé de le faire, comme quand on
reconnoiſt qu'il y a eu quelque empeſchement qui rend le mariage nul:
mais que hors ces cas on l'ait jamais fait, c'eſt une impudente calomnie.
Ainſi cette accuſation eſt encore ou heretique, ou calomnieuſe.

PREVVE IX.

*L'on a veu publiquement refuſer la Communion à des gens d'une probité
connuë.*

REFVTATION.

On n'a jamais refuſé la Communion à perſonne que pour des pechez
publics, & une preuve que cette accuſation eſt une calomnie, c'eſt qu'on
ſoûtient qu'on en peut alleguer une Exemple.

PREVVE X.

Il y a des preuves des Confeſſions qui ont eſté revelées.

REFVTATION.

Ces preuves n'ont point paru & ne paroiſtront jamais. Mais quand il
y en auroit, Monſieur d'Alet condamnant cette Doctrine & cette pratique
comme impie & deteſtable, & eſtant preſt de punir tous ceux qui en au-
roient eſté convaincus, n'eſt-ce pas un crime horrible que de la luy attri-
buer.

PREVVE XI.

*Et ce qui eſt encore plus epouvantable que tout ce qui vient d'eſtre repre-
ſenté,*

*fenté, on à fceu, que le Promoteur dudit Sieur Evefque avoit fait accufer un
pauvre Preftre par une femme de l'avoir engroffée, & que luy ayant fait quitter
le Diocefe & fon Benefice par cet artifice , cette mefme femme eftant à l'agonie
declara la verité de ce qui s'eftoit paffé, & la fauffeté de cette accufation , ce
qu'elle confirma depuis, Dieu luy ayant rendu fa fanté pour rendre encore
aujourd'huy témoignage à la verité s'il eftoit neceffaire.*

REFVTATION.

Il n'y a rien de plus effroyable que cette accufation , & fi elle eftoit
vraye le Promoteur ne meriteroit rien moins qu'un honteux fupplice , &
comme on ne la rapporte que pour monftrer , que *prefque tous les Ecclefiaftiques, tous les Ordres, & tous les Sexes reffentent l'injuftice & la violence de M.
d'Alet*, il eft clair que l'on pretend l'en rendre complice , & que ce que les
Sieurs de l'Eftang & Rives veulent dire, eft que M. d'Alet fait fuborner des
femmes par fon Promoteur pour accufer des Preftres de les avoir engrof-
fées, afin de les depoüiller fous ce pretexte de leurs Benefices. Et ainfi fi
on les en croit, M. d'Alet eft l'un des hommes du monde le plus excecrable,
& qu'il eft capable des plus noires méchancetez. Car on ne fçauroit tirer
une autre conclufion de ce recit tel qu'il eft dans leur Avertiffement.

Mais fi cette accufation n'eft qu'une deteftable impofture, quelle conclufion faudra-t-il tirer contre les Sieurs de l'Eftang & Rives , & qu'elle
penitence canonique feroit trop fevere pour expier un fi grand crime ?
Or tout le monde en pourra eftre juge en lifant icy le reçit veritable de
l'hiftoire qui fert de fondement à cette accufation.

Il y à environ 12. ans qu'une certaine femme veuve du lieu de Beluis au
pays de Sault dans le Diocefe d'Alet, fut trouvée groffe par les Confuls
du lieu qui la firent vifiter. Elle accufa le Curé du lieu d'eftre auteur de fa
groffeffe , ce qui ayant efté dénoncé à Mre Simon Pelliffier pour lors
Promoteur de la part de ces Confuls , & de cette femme , il en fit informer,
& le procez fait & parfait à ce Curé felon les formes, il fut declaré par
Sentence convaincu de ce crime & condamné aux peines canoniques. Il fe
rendit appellant au Metropolitain, & de là on porta l'affaire à des Commiffaires Apoftoliques. Mais voyant bien que le fuccez ne luy en pouvoit
eftre favorable , il fe foûmit volontairement à une Penitence canonique
qu'on luy impofa qui confiftoit en quelques jeufnes , & à demeurer quelque temps feparé de l'Autel.

En mefme temps il fut encore accufé d'abufer d'une autre femme qui
eftoit fa fille fpirituelle. Et quoy que la chofe fuft certaine & qu'elle ait efté
verifiée depuis en Iuftice , neanmoins on ne pût alors l'en convaincre dans
les formes.

Quelque temps apres cét accommodement, cette femme qui avoit accufé
ce Curé de l'avoir engroffée , eftant devenuë malade , les parens du Curé
qui font puiffans firent tant par l'argent qu'ils donnerent au frere de cette
femme, par menaces & autres voyes qu'ils tirerent d'elle une declaration
pardevant un Notaire , par laquelle elle reconnoiffoit qu'elle avoit fauffe-
ment accufé ce Curé ; qu'il n'eftoit pas l'auteur de fa groffeffe , & qu'elle
luy demandoit pardon de cette injure.

D

Mais comme cét acte estoit visiblement extorqué & qu'il ne pouvoit de rien servir contre une procedure faite dans les formes, ce Curé qui sçavoit d'ailleurs qu'il n'eust pas esté difficile de le faire retracter s'il en eust valû la peine, ne l'a jamais osé alleguer : & ce qui s'est depuis ensuivy fait bien voir quelle foy on y doit avoir.

Car ayant accomply en apparence sa Penitence, il fut retably en sa Cure, & il en a joüy paisiblement 8. ou 10. ans depuis, quoy que toûjours decrié pour ces débordemens que l'on estoit obligé de souffrir parce qu'on ne les pouvoit prouver. Mais Dieu voulut enfin delivrer son Eglise de ce scandale : & voicy comment cela arriva.

Les Consuls & les Marguillers de la Parroisse le surprirent une nuit avec cette malheureuse femme dont il abusoit il y avoit 15. ou 16. ans. Sur leurs plaintes le Promoteur *Ragot* en fit informer, & l'ayant fait mettre en prison, son Procez luy fut fait conjointement par l'Official d'Alet & par le Lieutenant Criminel de Limoux pour le cas privilegié. Dans cette procedure il fut convaincu d'excez & d'abominations horribles sur lesquelles l'Official, par Sentence du mois de Iuillet de la mesme année, le deposa *d'Office & de Benefice*, le condamna à une Prison de deux ans & à d'autres peines canoniques. Et comme le Lieutenant Criminel de Limoux estoit sur le point de rendre aussi son jugement pour le cas Privilegié, les parens de ce miserable interjetterent appel de sa procedure au Parlement de Toulouze, ou personne ne poursuivant, l'affaire en est demeurée là. Mais pour la Sentence de l'Official, le Curé l'a trouvée luy mesme si juste, qu'il s'y est soûmis & elle est executée.

On peut juger par ce recit combien celuy des Sieurs de l'Estang & Rives contient d'impostures inexcusables.

1. Ils dissimulent malicieusement le nom du Promoteur d'Alet qu'ils accusent d'avoir suborné cette femme, pour faire retomber sur le Sieur Ragot cette accusation, au lieu qu'il ne l'estoit pas encore lors que cette affaire s'est traittée, mais que c'estoit le Sieur Pellicier homme d'une probité reconnuë & presentement Archi-prestre d'Alet.

2. Ils font entendre que ce Curé a esté chassé du Diocese & depoüillé de sa Cure sur cette premiere accusation desavoüée, au lieu qu'il n'en a esté depoüillé que 10. ou 12. ans depuis sur d'autres crimes abominables, dont il a esté legitimement convaincu.

3. Ils supposent que cette femme dans la declaration qu'elle a donnée en faveur du Curé à chargé le Promoteur d'Alet de l'avoir poussée à cette fausse accusation : ce qui est une imposture, le Promoteur n'ayant fait simplement que sa charge qui est de recevoir les plaintes & les denonciations qu'on luy fait, & la femme n'ayant rien dit sur son sujet.

4. Ils font valoir cette declaration comme autentique; au lieu qu'elle est si visiblement nulle & extorquée, que celuy mesme qui l'a tirée n'a osé s'en servir.

5. Enfin ils representent ce Curé comme un innocent opprimé, au lieu que sa vie notoirement scandaleuse, & les abominations dont il a esté convaincu depuis, ne justifient que trop combien cette premiere accusation estoit veritable.

Voila le sujet que les Sieurs de l'Estang & Rives prennent d'accuser M. d'Alet de faire imposer des crimes scandaleux à des Prestres par des femmes subornées, & de les depoüiller sur cela de leurs Benefices.

PREVVE XII.

L'on y a veu des Prestres emprisonnez & detenus dans des cathots & dans des tours avec une severité si terrible; que les uns se sont precipitez, & les autres ont perdu leurs ames par le poison plûtost que de laisser davantage leurs corps exposiez aux supplices qu'on leur faisoit endurer.

REFVTATION.

L'amour de la vie est si naturel, & les hommes endurent tant de choses pour la conserver que de dire, comme font icy les Sieurs de l'Estang & Rives qu'*on se resout à perdre la vie plûtost que d'avoir le corps plus long-temps exposé aux supplices qu'on endure dans les Prisons d'Alet*, c'est dire que la cruauté de M. d'Alet surpasse de beaucoup celle des Turcs & des Pirates d'Alger. Il faut donc voir quelle preuve on allegue d'une chose si incroyable. On produit pour cela deux histoires l'une de personnes, qui se sont, dit-on, precipitées, l'autre de personnes qui se sont empoisonnées.

Voicy tout le fondement que peut avoir la premiere. Il y a environ 5. ou 6. ans qu'un Curé du Diocese d'Alet nommé Estienne Arcen fut accusé par ses Parroissiens de vivre scandaleusement avec une femme mariée de sa Paroisse dont il avoit chassé le mary. Ce commerce duroit il y avoit quelque années ; mais comme il n'y en avoit pas de preuves tout à fait claires, M. d'Alet s'estoit contenté en deux visites de deffendre à ce Curé de recevoir cette femme en sa maison, ou d'aller dans la sienne, hors le cas de necessité, à peine d'excommunication : puis de suspence, *ipso facto*. Mais le scandale continuant & les Habitans s'en estant plaints de nouveau, le Promoteur fut obligé d'en faire informer, & il n'eut pas de peine à trouver des témoins d'un crime aussi public que celuy-la. De sorte que ce Curé s'estant rendu luy mesme prisonnier, on luy en confronta trente cinq qui le convainquirent trés clairement de son desordre. Quand il se vit pris, il songea à se sauver, & comme il est extremément fort, il rompit un barreau de fer de deux poulces & l'ayant fourré dans un trou de la muraille, il descendit avec ses draps, qu'il attacha à ce barreau, d'environ 3. ou 4. toises de haut, & s'évada par ce moyen. En suite ayant appellé comme d'abus au Parlement de Toulouze, & le Promoteur de son costé ayant obtenu permission de le faire ressaisir, il fut remis en prison, où on luy eust achevé son procés, si M. le Prince de Conty ayant esté prié par des Gentilshommes qui portoient ce Curé, quoy qu'ils avoüassent son crime, d'accommoder cette affaire, ne se fut rendu son intercesseur. M d'Alet avoit grand peine de le retirer des mains de l'Official; mais son Altesse luy remontrant que ce Curé se soumettroit à toute la penitence qu'il luy plairoit de luy ordonner, M. d'Alet y consentit. Ainsi ce Curé estant venu dans la Chapelle de l'Evefché en prefence de M. le Prince de Conty, de plufieurs Gentils-hommes & des principaux du Chapitre d'Alet, entre lefquels eftoit ledit fieur l'Eftang, il confeffa fon incefte avec cette miferable, & il receut en fuitte la penitence que M. d'Alet luy impofa, qui confiftoit à demeurer deux ans chez les Capucins de Limoux, à mener la mefme vie qu'eux & faire les mefmes exercices ; qu'il feroit une demiffion de fon Benefice dont il eftoit privé par les Canons, & qu'il ne feroit aucune fonction Ecclefia-ftique, ny ne prendroit aucun Benefice fans la permiffion de M. d'Alet.

Il fe retira trés content aux Capucins de Limoux, ou M. d'Alet fournif-foit à fa fubfiftance & à fon entretien, fa Cure eftant fi petite qu'à peine donne-t-elle à vivre au titulaire.

Mais il ne demeura gueres en efprit de penitence, & ces bons Peres ne contribuerent pas beaucoup à l'y entretenir. Il s'en alla de là à Toulouze, où il pourfuivit fon Appel comme d'abus, & en releva un nouveau de la pe-nitence qui luy avoit efté impofée. Et par le moyen des Gentilshommes qui l'affiftoient, il fit tant que ces Appels furent jugez. L'Arreft portoit qu'il y avoit eu abus dans la procedure de l'Official, en ce que s'agiffant d'un cas privilegié il n'y avoit point appellé le Iuge Laïque ; la penitence fut declarée nulle, & il fut dit qu'à la diligence du Procureur General il fe-roit inceffament informé contre ce Curé des faits dont il eftoit queftion au Procés. On fe pourveut au Confeil qui furcit l'éxecution de l'Arreft, & apres deux ans de chicanes, ce Procés a efté renvoyé au Parlement de Grenoble, où il eft pendant.

Durant la procedure qui fe faifoit au Confeil, où ce Curé eftoit foûtenu par les Gentilshommes Scyndiquez, ce miferable ayant commis des vio-lences extraordinaires au lieu du Befu, on decretta prife de corps contre luy, & le Promoteur fit executer le decret. Il demeura environ 15. jours en pri-fon, au bout defquels il trouva moyen de monter fur le toict, & de là de defcendre en bas. C'eft ce que le fieur de l'Eftang appelle fe precipiter; mais il fe fit fi peu de mal qu'il a fait depuis plus de 600. lieuës à pied.

Tout ce que l'on peut conclure de cette hiftoire eft que l'on n'enferme pas fi bien les prifonniers à Alet, que ceux qui font un peu adroits ne trouvent moyen de fe fauver. Mais de dire comme ont fait les fieurs de l'Eftang & Rives, que l'on y fait fouffrir de tels fupplices, que les prifonniers fe preci-pitent pour les éviter ; c'eft une calomnie auffi extravagante qu'elle eft plei-ne de malignité.

L'autre hiftoire du Preftre empoifonné eft encore plus malicieufement rapportée. En voicy la verité.

Antoine Palac Preftre du Diocefe d'Alet, & Vicaire du lieu de Roufe ayant efté deferé pour la troifiéme fois, & convaincu d'incefte avec fa fille fpirituelle devant la Cour Ecclefiaftique d'Alet, pour éviter la punition de fon crime s'évada de la prifon, & fe retira d'abord au Diocefe de Mirepoix, où il furprit les Superieurs Ecclefiaftiques, & obtint d'eux des Lettres de Vicariat d'un certain lieu nommé Fougas. Il n'y fut pas long temps qu'il y débauha une certaine femme avec laquelle il fe retira au Diocefe de Mont-pellier, la faifant paffer pour fa fœur. Mais quelque temps aprés ayant dérobé une mule & un Calice, il s'enfuit aux montagnes dans le Diocefe de Caftres, où changeant de nom & fe faifant appeller Antoine du Soulier, il trouva encore moyen de fe faire Vicaire en un annexe de la Parroiffe de Boüilaffou appellée S.Salvi. Il continua de vivre dans ce lieu avec cette miferable femme à fa maniere ordinaire, & il en eut plufieurs enfans, en faifant acroire au peuple de cette annexe, que le mary de cette femme ayant efté condamné à la mort, la venoit voir la nuit. Mais enfin Dieu ne voulant pas que tant de crimes demeuraffent plus long temps impunis, permit qu'il fut reconnu par quelques perfonnes qui en donnerent avis à M. l'Evefque d'Alet. Il en avertit incôtinent M. l'Evefque de Caftres, à prefent Archevefque de Toulouze, lequel ayant fait venir ledit Palac; & appris de fa bouche mefme la verité de fon crime, le fit arrefter prifonnier, & écrivit à M. d'Alet de l'envoyer prendre comme fon Diocefain. M. d'Alet donna cette Commiffion au chef de fa Iuftice temporelle qu'on appele *Viguier*, lequel s'eftant fait accompagner d'un Archer de Prevoft, & de quelques recors, & ayant en main un Decret de prife de corps avec l'attache du Lieutenant Criminel de Carcaffonne, il fe tranfporta dans la Ville de Caftres, où M. l'Evefque luy fit remettre le prifonnier entre les mains.

Il le fit incontinent monter à cheval, & le conduifit jufqu'à un lieu nommé La prade, où il ne fut pas plûtoft arrivé que le prifonnier demanda un Preftre, & le Vicaire de Cuxat s'eftant trouvé là, il le pria de ne le point abandonner. Le difné ayant efté apporté, le fieur Palac ne voulut point du tout manger, quelque inftance qu'on luy en fit. Mais fur la fin du repas il prit une figue qu'il alla manger dans un coing de la chambre, en fe courbant comme s'il euft eu des trenchées, & en fuite il fe fit donner du vin. On ne fe douta alors de rien, mais apres difné le Viguier eftant monté à cheval avec toute fon efcorte & le prifonnier eftant auffi accompagné de ce Vicaire de Cuxat qui les joignit apres environ une heure de chemin; comme il marchoit un peu devant, on le vint avertir que le prifonnier fe trouvoit fort mal. Il crut d'abord que c'eftoit quelque rufe pour s'échapper, mais on luy rapporta un moment apres que ledit Palac eftoit fi mal qu'il demandoit à fe confeffer, & en effet il fe confeffa. On eut beaucoup de peine à le porter au prochain village, où il ne fe trouva ny Medecin, ny Chirurgien, ny Apoticaire: ce qui obligea le Viguier d'en envoyer chercher au lieu le plus proche. Pendant ce temps le Vicaire du Cuxat ayant demandé du theriaque, le Viguier s'enquit de luy fi le fieur Palac avoit pris du poifon. A quoy le Vicaire répondit que cela fe pourroit bien faire. Cela fut caufe que plufieurs perfonnes du Village s'eftans affemblez en ce lieu, & mefme un Apoticaire qu'on avoit trouvé en un Village voifin, on vifita les hardes dudit Palac & on trouva entre autres chofes une pierre d'arfenic, & ledit Palac avoüa luy mefme en prefence des affiftans qu'il s'eftoit empoifonné & qu'il n'avoit point à fe plaindre ny du Viguier, ny des autres qui l'avoient accompagné. On fit ce que l'on put pour le foulager, mais les remedes furent inutiles, & il mourut quelque temps apres. Le Viguier dreffa un Procés Verbal de tout cét accident qui fut figné, non feulement de tous ceux qui l'avoient accompagné, mais aussi des principaux habitans du lieu.

Qui a-il en tout cela que l'on puisse imputer à M. d'Alet ? Quoy si un Prestre miserable apres avoir vêcu dans l'inceste & dans toutes sortes d'abominations, est aresté prisonnier & que voyant qu'il ne peut éviter d'estre remis entre les mains du bras seculier, il previenne par desespoir son supplice, il en faudra faire un crime à un Saint Evesque & l'accuser sur cela de tyrannie. Qui a jamais ouy parler d'une calomnie si impudente ?

Mais il est important de remarquer en côbien de manieres le Sr de l'Estang à tourné cét évenemêt pour le faire servir à sa passion. L'accidét d'un Prestre empoisonné luy a paru digne qu'il en fist usage pour noircir quelqu'un, mais selon les rencontres il l'a employé fort diversement. Le Viguier d'Alet s'estant rendu l'objet de sa haine par l'emprisonnement de son valet, il crût qu'il y avoit moyen de le rendre suspect de l'avoir empoisonné luy mesme : & ainsi par le moyen de son Pere, il fit faire & refaire plusieurs fois les informations au Iuge du lieu où estoit mort ledit Palac, ce qui obligea le Viguier de se mettre 2. fois prisonnier devant le Senéchal de Carcassonne, & de faire tous ses efforts pour obliger le Greffier d'y porter les informations. Mais le Sr de l'Estang l'en empescha toûjours voyant bien qu'elles ne pouvoient tourner qu'à sa confusion. Il fut donc contraint de faire prendre prisonnier ce Greffier, afin que par ce moyen les informations estant apportées, l'affaire fut jugée & la malice des sieurs de l'Estang pere & fils découverte. Mais ils se servirent d'une autre adresse pour l'empescher, qui fust de presenter Requeste sous le nom de M. le Procureur General au Parlement de Toulouze, dont ils obtinrent un Arrest portant deffenses au Senéchal de Carcassonne de connoistre de cette affaire. Ainsi ils se sont mis en estat de continuer de traverser le Viguier à Toulouze & à Grenoble sur le mesme pretexte ; ce qui l'a obligé de porter l'affaire au Conseil où elle est encore.

Mais voicy que le Sr de l'Estang Doyen d'Alet s'avise maintenant de faire un autre usage de cét accident. Ce n'est plus le Viguier qui a empoisonné le Prestre : Il commence de reconnoistre que cette accusation estoit trop ridicule. Il avoüe que c'est ce Prestre qui s'est empoisonné luy mesme. Mais c'est, dit-il, *pour ne laisser pas plus long temps son corps exposé aux supplices qu'on fait endurer dans les prisons d'Alet.* Par malheur pour M. de l'Estang ce Prestre n'y estoit pas encore entré, puis qu'ils'est empoisonné sur le chemin. Mais n'importe, M. le Doyen ne se met pas en peine d'ajuster si précisément ses calomnies. Il a le mesme droit que les poëtes de theatre, il ne luy faut que le fond de l'histoire : pour les circonstances il les ajuste comme il luy plait. Voila un Prestre empoisonné, cela luy suffit, il dispose de tout le reste. S'il faut noircir & tourmenter le Viguier d'Alet, ce sera luy qui aura empoisonné ce Prestre, parce qu'il l'a conduit environ quatre ou cinq lieuës de chemin. S'il faut decrier M. d'Alet, il avouëra bien que c'est ce Prestre qui s'est empoisonné luy mesme, mais ne voulant plus se souvenir que cela s'est passé sur le chemin, il le mettra au nombre de ceux qu'on retient à Alet *dans les cachots & dans les tours avec une severi-*

té si terrible ; que si on l'en croit, c'eft ce qui a porté ce malheureux, a
aimer mieux perdre fon ame par le poifon que de laiffer davantage fon corps
expofé aux fupplices qu'on luy faifoit endurer.

Meffeigneurs les Evefques jugeront s'il leur plaift ce que meritent des
Ecclefiaftiques qui tafchent fur de telles hiftoires, de faire paffer un des
plus pieux Evefques de l'Eglife pour un tyran, pour un fuborneur de faux
témoins, & pour un homme fi furieux qu'il n'y a point de condition &
de fexe qui n'éprouve les atteintes de fes violences, de fes injuftices, & de
fes emportemens.   *Signé*,

VINCENT RAGOT, Preftre, Promoteur d'Alet.

Fautes furvenuës dans la Requefte & autres pieces qui font enfuite.

Page	10	ligne	10	*Lifez* enfeignées
p.	21	l.	35	l. y ont ajoûté
p.	24	l.	5	l. ainfi pour une chofe temporelle ny aux fains ny aux malades, que lors que le peché eft clair & manifefte
p.	ibid	l.	24	l. qu'on n'en peut apporter aucun exemple